Ratgeber

Vogelspinnen & Skorpione

Danksagung

Unser besonderer Dank für die Unterstützung zur Herstellung eines Großteils des Bildmaterials gilt folgenden Terrarianern:

Stefan Broghammer von der Firma M&S Reptilien in VS-Weigheim
Wolfgang K. Auer in Friedrichshafen
Patricia Safar und Oliver Litzenberger in Friedrichshafen
Patricia Koenen und Marco Raven in Brunssum - Niederlande
M. Forst vom Insektarium im Aquarium am Zoo Köln
Thomas Ulber, Südafrika
Dr. R. König

Herausgeber: bede-Verlag GmbH, in Zusammenarbeit mit T.F.H. Publications, Neptune N.J. USA
Für diese Zusammenarbeit möchten wir uns hiermit bei T.F.H. Publications und beim amerikanischen Autoren Dr. Herbert Axelrod bedanken.
Herstellung und Gestaltung: bede-Verlag

ISBN 3-931 792-40-4

INHALT

EINLEITUNG

Spinnen erzeugen bei den meisten Menschen Unbehagen und Abneigung. Seltsamerweise gehören Spinnen zu den Tieren, die meist Aversionen bei Menschen erzeugen. Wir erkennen zwar an, daß Spinnen einen nützliche Aufgabe erfüllen, wenn sie lästige Fliegen fangen, aber ihre Spinnweben- und Netze sind weniger beliebt bei der Hausfrau. Spinnen, wie sie bei uns in Europa vorkommen, erzeugen schon so viel Unbehagen und Abneigung, daß es nicht verwunderlich ist, daß eine größere Vogelspinne bei den meisten Menschen schon Angst erzeugen muß. So jagt uns doch das Erspähen einer dicken, fetten Spinne im Wohnbereich schon einen Schauer über den Rücken. Und die unzähligen Horrorfilme haben sicher auch dazu beigetragen, daß Spinnen nicht gerade den besten Ruf bei uns Menschen haben. Wenn Sie sich jetzt schon vor einer kleinen europäischen Spinne fürchten, werden Sie wohl kaum auf den Gedanken kommen, jemals eine Vogelspinne pflegen zu wollen. Doch andererseits ist es ja so, daß Sie dieses Buch gerade lesen, was darauf schließen läßt, daß Sie sich intensiver mit der Haltung von Vogelspinnen oder Skorpionen befassen wollen. Die meisten Vogelspinnen sind friedliche und stille Artgenossen, die sich hervorragend für eine Terrarienhaltung eignen. Auch bei den Skorpionen ist es so, daß die meisten von ihnen nicht tödlich giftig sind. Es ist bedauerlich, daß immer noch viele Märchen und Gruselgeschichten über die Gefährlichkeit und Giftigkeit, speziell von Vogelspinnen aber auch Skorpionen existieren. Es ist natürlich für ein Tier, daß es sich in einer Notsituation verteidigt. Wenn eine Vogelspinne oder ein Skorpion vom Menschen bedrängt wird, sei es durch Ergreifen oder Störung seiner Umgebung, so muß es sich wehren. Zuerst wird das Tier eine Drohhaltung einnehmen und im Notfall dann zubeißen oder zustechen. Der Biß einer Vogelspinne ist nicht lebensgefährlich, jedoch nicht zu unterschätzen, wenn ein Allergiker gebissen wird. Es kommt in der Regel zu allergischen Reaktionen, die bei empfindlichen Menschen größere Gesundheitsprobleme hervorrufen können. Das gleiche Ergebnis können Sie zum Beispiel bei einem Bienenstich feststellen. Der eine Mensch reagiert auf einen Bienenstich nur mit einer leichten Hautanschwellung, während der Bienenstich-Allergiker in eine lebensbedrohliche Situation geraten kann. Ähnlich verhält es sich auch mit den Bissen von Vogelspinnen. Es ist jedoch kein einziger Todesfall in den letzten Jahrzehnten bekannt gewor-

Vogelspinnen sind nicht gefährlich und nur wenige Arten beißen schnell zu. Alle Avicularia-*Arten sind sehr friedlich und können deshalb auch den unerfahreneren Vogelspinnenhaltern sehr empfohlen werden.*

***oben:** Die Riesen-Vogelspinne* Teraphosa blondi *zählt zu den aggressiven Vogelspinnenarten, die normalerweise nicht in die Hand genommen werden können.*

***rechts:** Vogelspinnen gehören nicht zu den Kuscheltieren, können jedoch mit gewisser Erfahrung gehandhabt werden. Der erfahrene Vogelspinnenhalter wird schnell herausfinden, welche Vogelspinne problemlos aus dem Terrarium genommen werden kann.*

den. Wie bei den Vogelspinnen, gibt es auch bei den Skorpionen unterschiedlich stark giftige Arten. Bei der Auswahl eines solchen Hausgenossen muß man deshalb schon darauf achten, wie giftig ein solcher sein kann.

Gerade Vogelspinnen werden als Terrarientiere immer beliebter in diesem Hobbybereich und sie spielen heute schon eine bedeutende Rolle im Fachhandel. Terrarientiere sind in der Regel für den Menschen keine Kuscheltiere, wie zum Beispiel Katze und Hund, aber dennoch fühlen sich Menschen durch Terrarientiere angezogen, denn sie beeindrucken durch ihre Fremdartigkeit und Schönheit. Terrarientiere sind außerdem viel exotischer und so mancher Spinnenhalter wird unterbewußt sehr stolz darauf sein, daß er eine „gefährliche" Vogelspinne oder einen „noch gefährlicheren" Skorpion halten kann. Übrigens ist das Halten von gefährlichen Tieren bei der örtlichen Behörde meldepflichtig. Klären Sie also bitte im Vorfeld schon bei ihrer Gemeinde oder Stadtverwaltung ab, ob Sie eine spezielle Genehmigung für das Halten von solchen Terrarienbewohnern benötigen.

Obwohl Vogelspinnen in sehr kleinen Terrarien gehalten werden können, spricht doch nichts dagegen, ein Terrarium auch so einzurichten, daß man sich an seiner Schönheit erfreuen kann. Überschreiten Sie ruhig einmal die angegebenen Mindestgrößen und Sie werden feststellen, daß Ihre Vogelspinne das ganze Terrarium bewohnen wird.

Ein Grund für den Siegeszug der Vogelspinnen und Skorpione in der Heimtierhaltung liegt sicherlich darin, daß der Pflegeaufwand relativ gering ist. Auch die Unterbringung in einfachen Terrarien ist meist ausreichend, so daß auf der Kostenseite keine zu großen Posten auftauchen, die gegen eine Hälterung von Vogelspinnen und Skorpionen sprechen. Bei der Anschaffung ist jedoch zu berücksichtigen, daß je nach Art und Geschlecht diese Vogelspinnen ein teilweise hohes Lebensalter von über zehn Jahren erreichen können und Sie als Pfleger für diese gesamte Zeit gefordert und gebunden sind. Auch ist eine möglichst artgemäße und verhaltensgerechte Hälterung anzustreben und die lebensnotwendigen Grundanforderungen der Tiere müssen erfüllt werden.

Durch die zahlreichen Liebhaber, welche Spinnen und Skorpione halten und sogar nachzüchten, ist gewährleistet, daß über den Fachhandel sehr viele Nachzuchten zum Kauf angeboten werden. Deshalb ist gewährleistet, daß durch die Terraristik keine Vogelspinnen- oder Skorpionart vom Aussterben bedroht wird. Meist ist die Zerstörung der Heimatbiotope in den Herkunftsländern das Problem. Erwerben Sie Ihre Tiere deshalb ausschließlich bei Zoofachhändlern oder anerkannten Züchtern und lassen Sie sich vor dem Kauf auf jeden Fall von diesen Fachleuten beraten, denn nur wenn Sie die spezifischen Lebensbedürfnisse Ihres ausgewählten Terrarientiers kennen, können Sie auch eine optimale Pflege gewährleisten. Vogelspinnen und Skorpione sind Einzelgänger. Dies muß man wissen, wenn man solche Tiere pflegen will. Sie benötigen also für jedes einzelne Tier ein eigenes Terrarium. Dieses Terrarium ist nicht nur eine kleine Wohnung, sondern jetzt der absolute Lebensraum für dieses Tier. Gestalten Sie es bitte deshalb so, daß es naturnah und artgerecht eingerichtet ist. Jede Tierart benötigt eine eigene, artgerechte Einrichtung des Terrariums. Sicherlich gehören Vogelspinnen und Skorpione hier zu den anspruchsloseren Heimtieren, denn hier reicht oft schon ein Terrarium mit einer Grundfläche von 25x25 Zentimeter bestens aus. Es handelt sich nämlich um standorttreue Tiere, die auch in der Natur nicht so gerne ihre Wohngebiete verlassen und somit diese Art von Haltung gewöhnt sind. Bei den Vogelspinnen werden baumbewohnende und erdbewohnende Arten unterschieden. Bei der Terrariengestaltung ist dieser Tatsache Rechnung zu tragen. Eine baumbewohnende Vogelspinnenart benötigt selbstverständlich ein entsprechend hoch angelegtes Terrarium mit einigen Ästen und Zweigen, in welche sie ihr Wohngespinst einbauen kann. Für bodenbewohnende Vogelspinnen ist es dagegen wichtig, eine tiefere Wohnröhre in den Boden zu bauen, was voraussetzt, daß die Höhe des Terrarienbodens mindestens zehn bis fünfzehn Zentimeter beträgt. Vor der Anschaffung einer oder mehrerer Vogelspinnen oder Skorpione sind prinzipielle Fragen zu klären. Obwohl der Pflegeaufwand für diese Tiere im Vergleich zu anderen Haustieren gering erscheint, sind doch einige Stunden pro Woche einzuplanen, in welchen Sie sich mit den Tieren beschäftigen müssen. Spinnen und Skorpione sind in der Terrarienhaltung alleine Ihnen überlassen und das sollten Sie sorgfältig bedenken. Sehr wichtig ist auch die Akzeptanz der Tiere durch Mitbewohner oder Familienmitglieder und sicherlich ist hier einige Überzeugungs- und Aufklärungsarbeit zu leisten, bevor Sie an die Anschaffung denken sollten. Wenn Sie oder einer Ihrer Mitbewohner zu schnellen allergischen Reaktionen neigen, sei es zum Beispiel gegen Hausstaubmilben oder Blütenpollen, dann müssen Sie sich wirklich reiflich überlegen, ob Sie sich eine Vogelspinne in Ihre Wohnung holen wollen, denn unweigerlich kommt es dazu, daß die feinen Spinnenhaare gegebenenfalls eine Allergie auslösen.

Vogelspinnen und Skorpione sind Mitglieder einer Gruppe von Tieren, die uns als Gliederfüßer, Arthropoda, bekannt sind. Dieser Tierstamm stellt die erfolgreichste Gruppe von Tieren auf der Erde dar, denn sie sind viel zahlreicher vorhanden, als der Stamm Chordata, in welchem wir Menschen und auch die anderen Säugetiere, sowie die Vögel, Reptilien, Amphibien und Fische beheimatet sind. Die Gliederfüßer sind wahre Überlebenskünstler und bevölkern die Erde von Nord nach Süd. Sie sind an ihre Umgebung sehr anpassungsfähig und können in allen Klimazonen überleben. Denken Sie zum Beispiel daran, daß einige Vogelspinnenarten in den Bergen Argentiniens in enormen Höhen leben und dort eine Umgebungstemperatur von wenigen Graden über dem Gefrierpunkt aushalten müssen. Andererseits leben Skorpione in der sengenden Hitze der Wüsten. Uns ist die gigantische Zahl von über einer Million identifizierter Arthropoden bis heute bekannt. Die erfolgreichste Gruppe sind die Insekten, von welchen weit über 850.000 Arten bekannt sind. Auch die Spinnentiere mit über 35.000 Arten, stellen eine riesige Gruppe dar, wenn man andererseits die geringe Anzahl von nur 4.500 Säugetierarten damit vergleicht. Auch die respektvolle Zahl von etwa 800 Arten an Vogelspinnen, kann schon beeindrucken. Leider ist die Systematik der Vogelspinnen nicht so einfach und selbst Spezialisten haben Schwierigkeiten, manche Vogelspinnen richtig einzuordnen.

Poeciloteria regalis gehört *zu den baumbewohnenden Vogelspinnen und benötigt deshalb ein höheres Terrarium mit einigen Ästen. Sie ist eine farbenprächtige Vogelspinne und kommt aus Indien. Auch sie gehört zu den aggressiveren Arten.*

Brachypelma albopilosum *gehört zu den bodenbewohnenden Vogelspinnen, die sich gerne im Bodensubstrat eine Wohnhöhle einrichten. Zur Unterstützung empfiehlt es sich, ein gewölbtes Korkrindenstück oder einen halben Blumentopf in das Terrarium zu legen.*

DER UMGANG MIT SPINNEN

Die Spinnen

Zur besonderen Verdeutlichung wollen wir die Spinnentiere innerhalb des Stammes der Gliederfüßer nochmal etwas genauer in ihrer Einteilung betrachten. Spinnen gibt es in Spannweitengrößen von nur vier Millimeter bis hinauf zu etwa 28cm. Bei den Riesen, die solche Spannweiten von 28cm erreichen können, handelt es sich um Vogelspinnen der tropischen Urwälder. Bestimmt werden Vogelspinnen nach folgendem Bestimmungssystem.

Stamm: Gliederfüßer (Arthoropoda)
Unterstamm: Spinnentierartige (Chelicerata)
Klasse: Spinnentiere (Arachnida)
Ordnung: Spinnen (Araneida)
Unterordnung: Vogelspinnenartige (Mygalomorphae)
Familie: Vogelspinnen (Theraphosidae)
Unterfamilie: Echte Vogelspinnen (Aviculariinae)
Gattung: Vogelspinne (*Avicularia*)
Art: Gemeine Vogelspinne (*Avicularia avicularia*)

Richtiger Umgang mit Spinnen

Wenn Sie eine Vogelspinne im Terrarium pflegen, beschränkt sich die Hälterung meist nicht nur auf deren Beobachtung, sondern Sie wollen eines Tages Ihre Vogelspinne auch einmal aus dem Terrarium nehmen. Spätestens bei einer Generalreinigung des Terrariums wird dieses Herausnehmen nötig sein. Obwohl alleine die Beobachtung einer interessanten Vogelspinne für den Liebhaber ausreicht, um sich dafür zu faszinieren, ist die Handhabung manchmal unumgänglich. Natürlich kommt in der freien Natur niemand auf die Idee, eine Vogelspinne einmal anzufassen und deshalb wird sich Ihre Vogelspinne immer gegen ein Anfassen wehren. Die eine oder andere Art wird einfacher handzuhaben sein, als so manche aggressive Vogelspinnenart. Es gibt sehr temperamentvolle Vogelspinnen, die sich wehement gegen ein Anfassen wehren. Für den Anfänger in der Vogelspinnenpflege sind deshalb die etwas ruhigeren *Avicularia*-Arten empfehlenswert.

Vogelspinnen haben kein inneres Skelett wie zum Beispiel Säugetiere und Reptilien und deshalb ist die äußere Skeletthülle von beachtlicher Stabilität, da sie aus Chitin besteht. Die Chitinhülle stellt einen guten Schutz dar, denn sie ist gleichzeitig so hart, daß sie nicht mitwachsen kann, was auch ein Grund dafür ist, daß sich Vogelspinnen regelmäßig häuten müssen. Die Muskeln sind an der Innenseite des Chitinskeletts befestigt und dadurch entsteht eine gewisse Flexibilität der Skeletthülle. Diese Ske-

Natürlich kann eine friedliche Vogelspinne wie diese Avicularia versicolor *auch einmal einen Ausflug außerhalb des Terrariums unternehmen. Bei entsprechender Aufklärung über die Ungefährlichkeit dieser Vogelspinne kann man sich vielleicht doch einmal mit dem Gedanken anfreunden, sie aus der Nähe zu befühlen.*

Avicularia versicolor ist friedlich und käme nie auf den Gedanken, in die Hand des Pflegers zu beißen.

letthülle schützt die Vogelspinnen gut gegen Freßfeinde, jedoch ist sie nicht so stabil, daß sie nicht durch ein Herunterfallen der Vogelspinne einreißen könnte. Das Fallenlassen einer Vogelspinne aus der Hand ist also eine gewisse Gefahr für die Spinne, denn es kann zu erheblichen Verletzungen oder zu einem Aufplatzen des Leibes führen. Solche verletzten Spinnen können dann schnell zugrunde gehen. Das Herz von Vogelspinnen ist schlauchähnlich und das Blut fließt, statt durch die Arterien und Venen, in einem sogenannten offe-

Mit Hilfe einer Pinzette und einer Kunststoffdose können Vogelspinnen meist problemlos gehandhabt werden. Ein Transportieren oder Umsetzen ist somit gut möglich.

Am besten nehmen Sie eine Vogelspinne mit der Hand aus dem Terrarium. Wenn dies nicht möglich ist, können Sie sich eine spezielle Pinzette zur Hilfe nehmen.

nen System. Dies bedeutet, daß Verletzungen bei diesen Tieren zu einem stärkeren und schnelleren Blutverlust führen können. Wenn Sie also Ihre Spinne aus dem Terrarium nehmen, müssen Sie sicher sein, daß Sie diese festhalten können und nicht fallenlassen. Unterschätzen Sie dieses Fallenlassen bitte nicht, denn oft geschieht es nur aus einer Schreckreaktion heraus und dann ist es schnell geschehen, daß die Vogelspinne verletzt wird. Eine Verletzung des empfindlichen Hinterleibs führt meist zum Tod der Vogelspinne. Beim Anfassen der Spinne müssen Sie auch damit rechnen, daß diese versuchen wird, Sie zu beißen. Achten Sie deshalb darauf, daß Ihre Finger nicht in die Nähe der Beißklauen geraten. Suchen Sie sich für Ihre ersten Übungen ein verträgliches Exemplar Ihrer Vogelspinnen heraus, welches Sie dann probeweise aus dem Terrarium heben. Versuchen Sie die Spinne seitlich zwischen dem zweiten und dritten Beinpaar zu fassen und aus dem Terrarium zu heben. Selbstverständlich dürfen Sie nicht zu fest zudrücken, denn sonst könnte es zu inneren Verletzungen kommen. Sie können Ihre Spinne auch langsam an die Hand gewöhnen, indem Sie sich Ihr vorsichtig nähern und sie auf die Hand klettern lassen. Allerdings ist dieses bei aggressiven Vogelspinnen kaum möglich und wenn überhaupt, nur mit größter Geduld zu erreichen.

Die einfachste Möglichkeit, eine Spinne aus dem Terrarium zu entfernen, um zum Beispiel Reinigungsarbeiten vorzunehmen, ist die Methode, eine leere Kunststoffdose über die Spinne zu stülpen und unter der Dose ein festes Blatt Papier oder ein Kartonstück durchzuschieben. So ist die Dose verschlossen und die Spinne kann außerhalb des Terrariums aufgehoben werden, bis eine Zurücksetzung möglich ist. Im Handel sind auch Spezialpinzetten erhältlich, mit welcher Sie bei einiger Übung, die Spinne fassen und herausnehmen können.

Natürlich ist eine gewisse Übung notwendig, um Spinnen mit der Hand anzufassen. Der Druck darf nicht zu fest, aber auch nicht zu leicht sein.

Beim Herausfangen sollten Sie die Spinne etwas genauer betrachten, um Milbenbefall oder Verletzungen auszuschließen.

Beim Herausnehmen der Vogelspinne aus dem Terrarium greifen Sie am besten zwischen das zweite und dritte Beinpaar und halten die Spinne gut fest.

Auch hier empfiehlt es sich, zwischen dem zweiten und dritten Beinpaar die Pinzette anzusetzen.

Jeder Spinnenliebhaber hat seine Erfahrungen mit ausgebrochenen Spinnen gemacht. Sie sind wirklich perfekte Ausbrecher und wenn es ihnen gelingt, irgendwo ihre Vorderbeine durch eine Öffnung zu schieben, dann gelingt es sehr schnell, den ganzen Körper nachzuschieben und zu entfliehen. Schon mit Rücksicht auf Mitbewohner oder Kinder ist es sehr wichtig, daß alle Terrarien gut verschließbar sind. Auch Schiebetüren müssen gesichert werden. Viele Spinnenliebhaber besitzen nicht nur ein oder zwei Terrarien, sondern gleich ein Dutzend davon und bei Reinigungsarbeiten kann es schnell vorkommen, daß vergessen wird ein Terrarium wieder rechtzeitig zu schließen. So wird es sich nicht vermeiden lassen, daß einmal eine Spinne ausbricht. Geraten Sie jetzt nicht in Panik, sondern überlegen Sie, wo sich die Spinne wohl aufhalten könnte. Bodenbewohnende Vogelspinnen werden dunkle Zimmerecken aufsuchen. Es empfiehlt sich deshalb unter und in Schränken nachzusehen und auch mal in abgestellte Schuhe zu blicken. Warme und dunkle Stellen werden immer bevorzugt werden. Die Spinnen, die normalerweise baumbewohnend sind, streben nach oben und so müssen Sie in den oberen Bereichen Ihres Zimmers nachsehen und schnell werden Sie fündig werden. Vogelspinnen neigen nicht dazu, riesige Entfernungen zurückzulegen und deshalb ist es auch nach Tagen oder Wochen noch gut möglich, eine entflohene Spinne in einer Ecke des Zimmers zu entdecken und ins Terrarium zurückzusetzen.

Diese Avicularia *spec. stammt aus Ecuador und kann zur Pflege sehr empfohlen werden. Vogelspinnen sind Ausbruchskünstler, wenn irgendwo eine Scheibe des Terrariums nicht ganz geschlossen ist.*

Da gerade die Nahrungsaufnahme für den Pfleger besonders interessant ist, gilt es, die sonst nachtaktiven Tiere umzugewöhnen. Dies gelingt bei Vogelspinnen auch sehr schnell, denn sie nehmen auch am hellen Tag ihre Nahrung zu sich. Durch die Beschäftigung mit den Vogelspinnen, wird es ermöglicht, ihren Lebensrythmus entsprechend an den des Terrarianers anzupassen.

Das Terrarium

Um eine Vogelspinne artgerecht unterzubringen, müssen Sie ihr das richtige Terrarium anbieten. Es stellt sich deshalb auch die Frage, was machen Vogelspinnen im Terrarium und was machen sie in der Natur? Zu allererst kann festgestellt werden, daß sie weder in der Natur noch im Terrarium sonderlich aktiv sind. Aktiver werden sie nur bei der Futtersuche und wenn sie Gefahr verspüren. Haben sie ein Beutetier erlegt, ziehen sie sich zuerst zu einer Ruhepause zurück. Baumbewohnende Spinnenarten haben die Fähigkeit, sehr gut zu laufen und zu klettern und sich auf ihrem Baum schnell zu bewegen. Die erdbewohnenden Arten graben sich in erster Linie Wohnröhren und ziehen sich mit Vorliebe darin zurück. Dieses Zurückziehen in die Wohnröhre kann manchmal mehrere Monate andauern. Nachts begeben sich diese Vogelspinnen dann auf die Jagd und auf die Suche nach Beutetieren. Aber wie bereits erwähnt, können sie den Fang der Futtertiere auch in die Tageszeit verlegen, um die Vogelspinnen bei ihrer Nahrungsaufnahme zu beobachten. Besonders die Vogelspinnenweibchen verlassen nur selten ihre Wohnhöhle und lauern am Eingang auf vorbeikommende Futtertiere. Die Weibchen lassen die Männchen nur zur Paarung in die Höhle kommen und wenn sie diese nach der Paarung nicht schnell genug verlassen können, werden sie einfach als nächste Mahlzeit betrachtet. Diese einzelgängerische Lebensgewohnheit ermöglicht es, Vogelspinnen einzeln im Terrarium zu halten. Nur während der Paarung wird das Männchen zu den Weibchen gesetzt. Machen Sie also bitte nicht den Fehler und halten Sie zwei oder mehrere Vogelspinnen in einem Terrarium, denn dies würde sicherlich dazu führen, daß sie sich bekämpfen und im ungünstigsten Fall gegenseitig töten. Aus terraristischer Sicht ist es also nicht grausam eine Spinne allein zu halten, sondern dies entspricht völlig ihrer Natur. Größere Terrarien können abgeteilt werden, so daß in einem großen Terrarium zum Beispiel mehrere Spinnen leben, aber nicht zueinander kommen können. Dies bietet sich besonders dann an, wenn aus Temperaturgründen ein großes Terrarium mit einer Sammelheizung ausgestattet wird.

Jede Vogelspinne braucht nach ihren Bedürfnissen das richtige Terrarium. Dieses höhere, mit Holzstücken ausgestattete Terrarium ist ideal für baumbewohnende Vogelspinnen, denn diese bauen sich zwischen den Aststücken ihr Wohngespinst.

Auch lebende Pflanzen dürfen in einem Vogelspinnenterrarium vorhanden sein, obwohl einige grabende Spinnen gerne die Pflanzen umbauen, doch dies läßt sich schnell wieder durch den Pfleger beheben. Eine lebende Pflanze verleiht einem Terrarium immer ein viel attraktiveres Aussehen.

Der richtige Bodengrund für ein Spinnenterrarium ist ungedüngte Gartenerde. Für Terrarien, die baumbewohnenden Vogelspinnenarten als Behausung dienen, kann auch vorher erhitzter Rindenmulch Verwendung finden. Bodenlebende Vogelspinnen graben in der Erde eine Wohnhöhle, in welcher sie leben. Aus diesem Grund muß die Erde entsprechend hoch in das Terrarium eingebracht werden. Zehn Zentimeter Bodenhöhe stellen hier ein Minimum dar. Terrarien für baumbewohnende Vogelspinnen können auch mit Vermikulit als Bodengrund ausgestattet werden. Vermikulit besteht aus feinen Tonkügelchen, wie sie teilweise im Innenausbau als Dämmaterial verwendet werden. In jedem Falle sollte ein Bodensubstrat vor dem ersten Einbringen in ein Terrarium etwas angefeuchtet werden, denn niemals darf das Bodensubstrat völlig austrocknen. Wenn Sie zum Beispiel in Urlaub fahren und Ihre Vogelspinne für ein bis zwei Wochen sich selbst überlassen, dann ist es selbstverständlich, daß vorher das Substrat nochmal gut angefeuchtet werden muß. Auch ist dann zu überlegen, das Terrarium so in der Wohnung zu plazieren, daß ein schnelles Austrocknen des Bodengrundes vermieden wird. Selbstverständlich darf das Substrat im Terrarium nicht zu naß werden, denn sonst kann es schnell zu einer Schimmelbildung kommen. Es ist Aufgabe des Spinnenpflegers eine regelmäßige Kontrolle der Feuchtigkeit im Terrarium durchzuführen. Während die durchschnittliche Substrathöhe für baumbewohnende Vogelspinnen nur zwei

Auch Brachypelma boehmi *gehört zu den friedlicheren Vogelspinnenarten. Sie zählt zu den bodenbewohnenden Spinnen und benötigt deshalb ein Terrarium mit mindestens 10cm Substrathöhe, damit sie sich eine Wohnhöhle anlegen kann.*

Bei der Einrichtung eines Terrariums darf der Pfleger ruhig etwas guten Geschmack entwickeln, denn so gefällt ein eingerichtetes Terrarium dem Betrachter viel besser. Auch diese Pamphobeteus wallaci *fühlt sich in einem solchen Terrarium mit Einrichtungsgegenständen sicherlich wohler, als in einem kahlen Terrarium.*

bis fünf Zentimeter betragen muß, so sollte bei bodenbewohnenden Spinnen, die ja Wohnröhren in den Boden bauen, eine Mindesthöhe von zehn Zentimetern eingebracht werden.
Vogelspinnen benötigen Wohnhöhlen. Bodenbewohner graben sich entweder eine Höhle oder nehmen Gegenstände im Terrarium als Höhle an. So sind ideale Schlupfhöhlen für Vogelspinnen zum Beispiel halbierte Blumentöpfe, die sehr gerne angenommen werden. Beliebt bei Terrarianern ist auch ein gewölbtes Stück Korkrinde, welches zusätzlich als dekoratives Einrichtungsstück dienen kann. Auch kleinere Wurzelstücke lassen sich so plazieren, daß die Vogelspinne einen idealen Versteckplatz findet. Die Spinne wird sich ihre Wohnbehausung schon so zurecht bauen und hinrichten, daß es ihr behagt. Leider richten sie sich dabei nicht immer nach dem Geschmack ihres Pflegers, aber lassen Sie ihr ruhig die Freiheit, sich häuslich niederzulassen. Baumbewohnende Vogelspinnen spinnen ihr Netz zwischen die Blätter von Ästen oder zwischen das Gehölz.
Vogelspinnen benötigen auch Wasser und deshalb muß in jedem Vogelspinnenterrarium eine Wasserschüssel eine Selbstverständlichkeit sein. Selbstverständlich ist ein regelmäßiges Auswechseln des Wassers wichtig. Wegen der besseren Standfestigkeit sind Wasserschüsseln aus glasiertem Ton vorzuziehen.
Jeder Terrarianer wird seine Vogelspinnenterrarien nach seinem Empfinden unterschiedlich einrichten. Quarantäne- oder Beobachtungsterrarien, die nur für kurze Zeit benutzt werden, können sehr einfach ausgestattet werden. Hier reicht Bodengrund, ein Versteckplatz und eine Trinkwasserschüssel. Der Zweck dieser Terrarien ist ja, die Tiere zu beobachten, um zum Beispiel festzustellen, ob sie gesund sind. Es würde also wenig Sinn machen, hier so viele Versteckplätze anzubieten, daß eine Beobachtung erschwert würde. Junge Vogelspinnen benötigen wegen ihrer geringen Größe anfangs auch noch keine großen Terrarien. Meist werden sie in Kunststoffdosen verschiedener Größe zwischengehältert. Ein Bodengrund ist jedoch immer vonnöten.
Beliebte Einrichtungsgegenstände für Vogelspinnenterrarien sind Wurzeln aller Art, sowie Korkrindenstücke und runde Steine. Gerade runde Steine sind weniger gefährlich für Vogelspinnen, wenn diese zum Beispiel als Baumbewohner von einem Ast abstürzen würden. Moos und Efeu bieten sich als ideale Pflanzen für ein Terrarium an. Andere Pflanzen, die etwas empfindlicher sind, wären nicht unproblematisch, denn viele Vogelspinnen neigen dazu, die Pflanzen auszugraben und eventuell zu beschädigen. Notfalls kann man hier auf künstliche Pflanzen ausweichen. Je dichter ein Terrarium bepflanzt ist, desto schwieriger ist es auch später zu reinigen.

Direkt in die Wand wurde diese Terrarienanlage eingebaut, die von der Rückseite zu bedienen ist. Hier werden neben Vogelspinnen auch einige Skorpione gehalten.

Die richtige Heizung

Über die richtige Beheizung eines Vogelspinnenterrariums könnte man sehr lange diskutieren. Da Vogelspinnen ihre Körpertemperatur nicht selbst regulieren können, wie dies zum Beispiel die Säugetiere tun, müssen Sie eine ideale Umgebungstemperatur erhalten, um sich wohlzufühlen. Leider läßt sich diese Temperatur nicht pauschalieren, denn inzwischen weiß man, daß Vogelspinnen in ihrer Heimat aus verschiedenen Gegenden, beziehungsweise aus verschiedenen Höhen, kommen können. So ist es durchaus möglich, daß die gleiche Art im Tiefland bei tropischen Temperaturen und in Berggegenden bei niedrigeren Temperaturen gefunden wird. Die meisten Vogelspinnen werden sich aber in einem Temperaturbereich zwischen 20-25 °C wohlfühlen, wobei allerdings eher die Temperatur um 25 °C als ideal anzusehen ist. Bei den bekannten und schon länger eingeführten Vogelspinnenarten liegt man mit diesem Temperaturbereich wohl immer richtig. Die meisten Vogelspinnenliebhaber pflegen ihre Spinnen in Terrarien, die in Ihren Wohnräumen stehen und deshalb nicht extra beheizt werden müssen. Spezialisten unter den Vogelspinnenhaltern, welche auch ausgefallenere und anspruchsvollere Arten halten, werden nicht umhin können, die Terrarien auf die Idealtemperatur aufzuheizen. Oft ist dann auch eine geringe Nachtabsenkung für das Wohlbefinden der Spinne wichtig. So entsteht ein Tag-Nachtrythmus, wie er auch in der Natur vorkommt. Gerade bei bodenbewohnenden Spinnen ist es günstig, wenn ihr Terrarium nicht vollflächig beheizt wird. So haben die Tiere immer die Möglichkeit, sich in eine unbeheizte Ecke des Terrariums zurückzuziehen, wenn es ihnen zu warm wird. Wenn Sie Vogelspinnen pflegen, die ein beheiztes Terrarium benötigen, dann können Sie zum heizen entweder ein Heizkabel einsetzen, oder besser eine Heizmatte unter das Terrarium legen. Bei bodenbewohnenden Spinnen ist jedoch zu beachten, daß der Boden partiell schnell austrocknen kann, wenn er von unten stark beheizt wird. Problematisch kann es für grabende Spinnen dann werden, wenn sie sich zur Abkühlung in das Bodensubstrat eingraben wollen, dort aber dann keine kühle, sondern eine warme und trockene Erde vorfinden. Besser ist es also, ein solches Heizkissen unter dem Terrarium von baumbewohnenden Vogelspinnenarten einzusetzen. Für erdbewohnende Vogelspinnen sind Glühbirnen mit 25 Watt Leistung die bessere Alternative. Sie beheizen das Terrarium von oben und somit kann Ihnen die erdbewohnende Vogelspin-

Xenesthis immanis *gehört zu den riesigen Vertretern der Vogelspinnen und benötigt deshalb auch ein größeres Terrarium. Als bodenbewohnende Art benötigt sie einen mindestens 10cm hohen Bodengrund, was jedoch nicht dagegen spricht, daß Terrarium auch nett einzurichten und zu bepflanzen.*

ne leichter ausweichen. Beheizung und Beleuchtung sind immer mit einer Zeitschaltuhr zu kombinieren, so daß gewährleistet ist, daß die Vogelspinnen diesen Licht- bzw. Wärmequellen nicht andauernd ausgesetzt sind.
Überall wo beheizt wird, verdampft Flüssigkeit und es kommt zur Austrocknung. So auch in unserem Vogelspinnenterrarium. Dies müssen Sie als Pfleger natürlich berücksichtigen, und Ihr Vogelspinnenterrarium regelmäßig mit Wasser befeuchten. Wenn Sie erst einmal ein professioneller Vogelspinnenhalter geworden sind und eine große Anzahl von Terrarien besitzen, dann werden Sie sowieso eine Raumheizung vorziehen. Es ist ja auch keineswegs schwierig, einen Raum mit der Zentralheizung auf 22 °C aufzuheizen und so den Vogelspinnen ein passables Raumklima zu bieten.
Die richtige Luftfeuchtigkeit ist für das Wohlbefinden der Vogelspinnen äußerst wichtig. Das Bodensubstrat muß immer gut befeuchtet, aber keinesfalls naß sein. Wasser kann einfach durch Gießen oder Besprühen zugesetzt werden. Beim Besprühen des Terrariums ist jedoch zu berücksichtigen, daß kalkhaltiges Wasser unschöne Ränder an den Terrarienscheiben hinterläßt. Bei baumbewohnenden Vogelspinnen ist das Sprühen des Terrariums unumgänglich, denn die Spinnen trinken regelrecht die Wassertropfen, die sich überall im Geäst bilden. Sie sollten es jedoch vermeiden, Ihre Vogelspinne direkt anzusprühen, denn sie flüchtet sonst sehr schnell und ängstigt sich.

Aufstellung des Terrariums

Die wichtigste Regel beim korrekten Aufstellen eines Vogelspinnenterrariums ist es, dieses nicht direktem Sonnenlicht auszusetzen. Durch die Sonneneinstrahlung könnte das Terrarium sich sehr schnell unkontrolliert aufheizen und dies hätte katastrophale Folgen für die Vogelspinne. Sie müssen überlegen, daß ein kleines Terrarium nur sehr wenig Luftraum besitzt, und es so nicht möglich ist, dort eine gleichbleibende Temperatur zu erzeugen, wenn zum Beispiel Sonne auf die Glasscheiben scheint. Auch vor einem Durchzug müssen Sie sich hüten und die Terrarien so aufstellen, daß kein kalter Luftzug Ihre Vogelspinne in Bedrängnis bringt.

Trotz der Umstellung auf Tagesaktivitäten werden Vogelspinnen besonders nachtaktiv bleiben und eine Beobachtung während der Nachtzeit ist durch das Anbringen eines schwachen Nachtlichts oder eines mondähnlichen Blaulichts empfehlenswert.

So können Sie Ihre Vogelspinnen bei einer Art Mondscheinlicht beobachten. Eine Aufstellung eines Terrariums in Augenhöhe ist immer von Vorteil, denn so ist es wesentlich einfacher, die Spinne zu beobachten und die Spinnen erschrecken nicht, da sie bei Beobachtung von oben meinen könnten, es würde ein Räuber erscheinen.

Säuberung des Terrariums

Eine regelmäßige Terrarienreinigung ist selbstverständlich. Vogelspinnen sind zwar sehr reinliche Tiere und deshalb ist eine aufwendige Reinigung in kurzen Abständen nicht erforderlich. Wenn Sie das Terrarium jedoch öfters mit Wasser besprühen, wird es nicht ausbleiben, daß Sie regelmäßig die Seitenscheiben reinigen müssen. Wegen der geringen Verunreinigungen ist ein Austauschen des Bodensubstrats frühestens nach einem Jahr notwendig. Günstig ist es, wenn die Einrichtungsgegenstände so angebracht worden sind, daß sie leicht herauszunehmen sind. So ist es möglich, sie schnell zu reinigen und wieder zurückzusetzen. Zum Reinigen von Wurzeln, Korkrinden, Blumentöpfen, Steinen und anderen Gegenständen, können Sie am besten eine Bürste und heißes Wasser verwenden. Daß die Wasserschalen regelmäßig gereinigt werden müssen, dürfte klar sein, doch dies ist ja keine große Arbeit, wenn man die Schale herausnimmt, kurz unter Wasser abwäscht und mit Frischwasser in das Terrarium zurücksetzt. Oft koten die Spinnen ausgerechnet in diese Wasserschalen und deshalb bedürfen sie einer stärkeren Kontrolle. Übrigens sollten Sie Futterreste, die nicht verzehrt werden, möglichst schnell wieder aus dem Terrarium entfernen, damit diese Futterreste nicht zu faulen beginnen und sich dann schnell Schimmelpilze ausbreiten können.

Die richtige Pflege

Vogelspinnen sind Tiere mit einer beachtlichen Lebenserwartung. Jedoch trifft diese hohe Lebenserwartung ausschließlich auf die Weibchen zu, denn sie können ohne weiteres ein Alter von über zehn Jahren erreichen. Die armen Männchen sterben wesentlich früher und zwar teilweise schon kurze Zeit nach Erreichen der Geschlechtsreife und der Paarung. Die Männchen erreichen ihre Geschlechtsreife durchschnittlich im Alter von etwa 15 Monaten, während die Weibchen etwas später im Alter von durchschnittlich 18-20 Monaten geschlechtsreif werden.

Wenn man sich den Lebensrythmus einer Vogelspinne etwas genauer ansieht, stellt man fest, daß dieser sehr kompliziert ist. Die jungen Spinnen schlüpfen nach etwa vier bis sechs Wochen aus den kleinen Eiern und befreien sich dabei mit Hilfe eines Eizahns. Mit diesem Eizahn können sie die Eihülle zerschneiden und schlüpfen. Diese kleinen Spinnenbabys sind farblos, schälen sich aber bereits beim Schlüpfen aus ihrer Embryonalhaut und haben eigentlich schon die erste Häutung hinter sich. Häutungen sind überhaupt so ziemlich das Wichtigste für Jungspinnen, denn im ersten Jahr müssen sie bereits bis zu acht Häutungen über sich ergehen lassen und selbst im zweiten Jahr kann es nochmals zu bis zu fünf Häutungen kommen. Erst nach diesen Jugendhäutungen befinden sie sich in der Geschlechtsreife.

Die frisch geschlüpften Spinnen haben noch einen

Dieses Weibchen von Pamphobeteus ultramarinus *hat schon einen sehr dicken Hinterleib, was darauf hinweist, daß es sehr gut genährt ist.*

prall gefüllten Eidotter, von welchem sie sich in den ersten Tagen ernähren können. Je nach Art bleiben die Jungtiere bis zu sechs Wochen im Eikokon, wo sie sich weiterentwickeln und schließlich auch eine dunklere Farbe bekommen. Nach der nächsten Häutung erscheinen sie dem Betrachter dann optisch als fertige Spinnen. Den Eikokon hat die Mutterspinne angelegt und ständig bewacht. Die jungen Spinnen durchbrechen den Eikokon und verlassen ihn, kehren jedoch immer wieder in den Eikokon zurück, wo sie sich verstecken können. Ihre Mutter verharrt meist bewegungslos neben dem Eikokon und die Jungspinnen steigen auf ihren Körper und fühlen sich dort wohl ziemlich sicher. Die Jungspinnne flechten ein dichtes Gespinst, so daß die ganze Umgebung um den Kokon fast undurchdringlich ist. In diesem Spinnengewebe erfolgt nach wenigen Tagen bereits die dritte Häutung, die man mit etwas Glück sogar beobachten kann. Leider sind Jungspinnen meist perfekte Kanibalen und sie fressen die kleineren Geschwister einfach auf. Logischerweise sollte der Züchter, der eine entsprechende Nachzucht haben will, jetzt schon eingreifen und die Jungtiere trennen. Da es sich teilweise um riesige Mengen von Jungspinnen handelt, müssen viele kleine Behälter als Erstwohnung für die Jungspinnen vorbereitet werden. Bewährt haben sich hierfür kleine Filmdosen oder sonstige Kunststoffbehälter. Diese Kunststoffbehälter können der Einfachheit halber mit Schaumstoffpfropfen verschlossen werden. So lassen sich die Jungspinnen im Behälter schnell kontrollieren und füttern.

Erwachsene Spinnenweibchen wechseln in der Regel nur einmal jährlich ihre Haut aus und im Alter von etwa zehn Lebensjahren verzögert sich die Häutung immer mehr, so daß nur noch alle zwei Jahre eine solche stattfindet. Wenn Sie berücksichtigen, daß ein Spinnenweibchen zwischen zehn und vierzehn Jahre alt werden kann, dann müssen Sie als Terrarianer, sich Ihrer Verantwortung bewußt werden, wenn Sie eine Vogelspinne anschaffen wollen. Es handelt sich hier um ein Haustier, welches völlig auf Sie angewiesen ist.

Es ist sehr praktisch, wenn Sie als Vogelspinnenhalter die Häutungszyklen Ihrer Spinnen schriftlich festhalten. Durch die Anzahl der Häutungen können Sie das Lebensalter der Spinne festellen. Beim Erwerb ist es sehr schwierig festzustellen, ob es sich um eine männliche oder weibliche Vogelspinne handelt. Die Hauptunterschiede zwischen den Geschlechtern bestehen darin, daß ein ausgewachsenes Männchen, meist ein oder zwei sichtbare Haken oder Sporne auf den Tibien (den „Schienenbeinen") des ersten Beinpaares besitzt. Die Tasterenden werden bauchig und sehen wie kleine Boxhandschuhe aus. Der Hinterleib eines Männchens ist viel kleiner als der eines Weibchens und auch die Beine des Männchens sind normalerweise länger und sehen eher spindeldürr aus. Die Männchen unter den Vogelspinnen sind meist aktiver als die Weibchen, denn sie stolzieren ständig durch ihr Terrarium. Hat das Männchen erst sein Spermanetz gesponnen, wird es nach einer Partnerin Ausschau halten. Da die männliche Vogelspinne nach ihrer Geschlechtsreifehäutung nur noch wenige Monate zu leben hat, besteht ihre einzige und wichtigste Aufgabe darin, sich mit möglichst vielen Weibchen zu verpaaren. Stirbt eine ihrer Vogelspinnen, so faltet sie gewöhnlich ihre Beine unter dem Körper zusammen. Blasen Sie eine solche Spinne an und sie zeigt keinerlei Bewegung mehr, dann können Sie davon ausgehen, daß sie verstorben ist.

VOGELSPINNENGIFT

Auch wenn Sie es vielleicht noch nicht gewußt haben, alle Spinnen, ja sogar die kleinen Hausspinnen, die in unseren Wohnungen leben, sind bis zu einem bestimmten Grad giftig. Der Biß einer Vogelspinne ist jedoch nicht gefährlicher, als der Stich einer Biene oder Wespe. Probleme gibt es eigentlich nur mit stark allergisch reagierenden Menschen. Für sie sollte es selbstverständlich sein, daß sie den Kontakt mit Vogelspinnen vermeiden. Für einen gesunden Erwachsenen ist jedoch der Biß einer Vogelspinne so gesehen ungefährlich. Jedoch kann er manchmal sehr schmerzhaft sein. Bis heute ist noch nie jemand durch den Biß einer Vogelspinne in der Gefangenschaftshaltung getötet worden. Leider wird hier viel zu oft und viel zu viel übertrieben. Allerdings gibt es auch tödliche Spinnenarten und die bekannteste ist wohl die Schwarze Witwe *(Latrodectus mactans)* oder auch die Trichterspinne (*Atrax* spec.), die ebenfalls als gefährlich betrachtet werden muß. Diese giftigen Spinnen sind keine Haustiere und sollten nicht zu Hause gepflegt werden. Für viele Spinnenbesitzer ist jedoch die Giftigkeit von Vogelspinnen weniger ein Problem als ihre Haare. Die Haare dieser Vogelspinnen, welche bombardieren, sind sehr unangenehm und erzeugen Hautausschläge und asthmaähnliche Anfälle. Unter Bombardieren wird bei Vogelspinnen verstanden, wenn diese als Bombardierspinnen bezeichnete Spinnen, sich mit ihren Beinen kräftig am Hinterleib kratzen und dabei eine ganze Wolke von sehr feinen Haaren gegen den Angreifer schleudern. Die sehr bekannte *Brachypel-*

Die Beißzangen von Vogelspinnen sind schon ganz beachtlich und beim Zubeißen können sie durchaus schmerzhafte Bisse verteilen.

unten: *Hier sehen Sie, daß diese Spinne schon einen Großteil ihrer Hinterleibshaare zum Bombardieren eingesetzt hat.*

Obwohl sehr klein, ist diese schwarze Witwe hochgiftig. Sie hat allerdings nichts mit den Vogelspinnen zu tun, ist aber vielleicht mit Schuld daran, daß man Vogelspinnen eine tödliche Giftigkeit nachsagt.

Psalmopoeus cambridgei *hat sich hier ein großes Gespinst in das Terrarium gewoben und möglicherweise möchte die Spinne auf diesem Gespinst Platz nehmen, um sich zu häuten.*

ma smithi ist eine der aktivsten Bombardierspinnen und oft sieht man sie deshalb im Terrarium mit nacktem Hinterleib sitzen. Sie hat dann ihre ganzen Spinnenhaare bereits in die Gegend verschleudert.

Das Faszinierende an Vogelspinnen sind auch oft ihre interessanten Spinnennetze. Die meist für die Bewohner charakteristischen Spinnennetze sind wahre Kunstwerke. Auch Vogelspinnen können oft an der Art ihres Netzbaus erkannt werden. Allerdings unterscheiden sich die Netze von Vogelspinnen doch erheblich von den üblichen, bekannten Spinnennetzen, wie wir sie zum Beispiel aus dem Garten kennen. Die meisten bodenbewohnenden Spinnen fertigen zarte Seidenmatten in ihrem Terrarium. Diese meist runden Gespinste sind erstaunlich fest. Die Netze der baumbewohnenden Spinnen sind ebenfalls sehr charakteristisch. Viele bodenbewohnende Spinnen der alten Welt, spinnen dagegen große Gespinste und verkleiden ihre Höhlenseiten und Höhlendecken mit dichter Seide. Die friedliche und bekannte *Avicularia avicularia* spinnt dagegen röhrenartige Gespinste, die so fest sind, daß man sie kaum mit bloßen Händen zerreißen kann. Die Spinnennetze sind regelrechte Lebensräume für die Spinnen, denn sie häuten sich in ihnen und legen ihre Eier in diese widerstandsfähigen Konstruktionen ab. Immer wieder vernichtet eine Vogelspinne auch mal ihr eigenes Netz und baut an der gleichen Stelle ein neues auf. Alle Spinnweben von Vogelspinnen sind außerordentlich stark konstruiert und sehr gut haltbar. Faszinierend ist für den Vogelspinnenhalter der Bau eines Spinnennetzes und wenn Sie das Glück haben, Ihrer Spinne für längere Zeit beim Bau ihres Netzes zusehen zu können, dann werden Sie sich sicherlich daran begeistern.

Fütterung und Ernährung

Es ist selbstverständlich, daß Sie sich vor der Anschaffung von Vogelspinnen Gedanken darüber machen, wie diese Tiere ernährt werden müssen. Vogelspinnen fressen ausschließlich lebende Futtertiere und dies setzt voraus, daß Sie sich diese lebenden Futtertiere besorgen können und dann auch ohne Probleme an die Spinnen verfüttern können. Die Fütterung selbst ist eine verhältnismäßig einfache Aufgabe. Die Besorgung der Futtertiere ist schon etwas aufwendiger. Allerdings gibt es heute zahlreiche Zoofachgeschäfte, die sich auf den Verkauf von lebenden Futtertieren spezialisiert haben. Auch im Versandhandel sind solche Futtertiere im Abonnement zu bestellen.

Heuschrecken, Grillen, Schaben und ähnliche Insekten sind ideale Futtertiere für Vogelspinnen. Sie sind auch in allen Größen erhältlich, so daß eigentlich jede Vogelspinne ihr spezielles Futtertier finden kann. Im Fachhandel gibt es diese lebenden Futtertiere regelmäßig zu kaufen.

Was frißt nun eine Vogelspinne?

Geradezu ideale Futtertiere sind Grillen, Heuschrecken, Schaben und größere Fliegen. Die Größen der Futtertiere müssen denen der Vogelspinnen angepaßt sein. Dies bedeutet, daß eine Vogelspinne von zehn Zentimetern Größe sich kaum für eine Stubenfliege interessieren wird. Eine Babyspinne dagegen, ist mit einer Stubenfliege schon ganz gut bedient worden. Andererseits wäre aber eine junge Spinne mit dem Fang einer fast gleich großen Heuschrecke total überfordert.

Da es für Vogelspinnen noch kein künstliches Ersatzfutter gibt, müssen Sie sich also mit der Verfütterung von lebenden Tieren befassen. Dies ist manchmal nicht jedermanns Sache und deshalb rechtzeitig zu berücksichtigen. Allerdings haben wir Menschen zu Heuschrecken, Grillen, Fliegen und sonstigen Insekten sowieso nicht die besten Beziehungen, daß es uns wohl wenig ausmachen wird, solche Tiere an Vogelspinnen zu verfüttern. Neben den bereits aufgezählten Futtertieren, gehören auch Mehlwürmer zu den idealen Futtersorten für Vogelspinnen. Diese Mehlwürmer lassen sich sehr gut zu Hause aufbewahren und bei Bedarf können sie dann verfüttert werden. Auch kleine neugeborene Mäuse, die noch kein Fell besitzen, werden von größeren Vogelspinnen gerne als Futter akzeptiert. Die Fütterung von erwachsenen Vogelspinnen ist nicht sehr aufwendig, da diese nur etwa einmal wöchentlich gefüttert werden müssen. Je nach Größe der Futtertiere werden einige in das Terrarium gegeben und nach und nach von der Vogelspinne erbeutet. Als Vogelspinnenhalter müssen Sie einfach herausfinden, welche Futtertiere von Ihren

Diese Mehlmwürmer sind eigentlich Mehlkäferlarven und unter Terrarianern als Futter sehr beliebt, da sie sich sehr gut aufbewahren lassen.

Vogelspinnen bevorzugt gefressen werden. Interessiert sich die Vogelspinne für das dargebotene Futter nicht, so müssen Sie die Futtertiere am nächsten Tag wieder entfernen und einen neuen Versuch starten. Wird die Beute dagegen umgehend gefangen und verzehrt, so sollten Sie davon ausgehen, daß Ihre Vogelspinne Hunger hatte und Sie können ein weiteres Futtertier in das Terrarium setzen und zum Freßen anbieten. Der Appetit von Vogelspinnen ist sehr schwer einzuschätzen und es läßt sich hier keine verbindliche Regel über die Menge des angebotenen Futters aufstellen. Nach und nach werden Sie aber Ihre Erfahrungen sammeln und ein Gefühl dafür entwickeln, wieviel Ihre Vogelspinnen fressen wollen. Die Menge des Futters hängt auch vom allgemeinen Gesundheitszustand und einer bevorstehenden Häutung der Vogelspinne ab. Vogelspinnen können durchaus für eine längere Zeit ohne Futter auskommen. Dies bedeutet, daß Sie nicht beunruhigt sein müssen, wenn Ihre Vogelspinne für einige Wochen nichts frißt. Ist sie gut genährt, stellt das kein Problem für sie dar. Vogelspinnen können eben nicht in ein Schema gepreßt werden, denn einige fressen weniger und andere wiederum mehr. Eine grobe Mengenangabe, die bei der Auswahl der Futtermenge helfen kann, ist, daß eine mittelgroße Vogelspinne etwa drei bis fünf mittelgroße Heimchen oder Heuschrecken pro Woche fressen kann.

Werden neue Vogelspinnen erworben, ist ihnen nicht gleich am ersten Tag Futter anzubieten. Sie müssen sich erst einmal im Terrarium akklimatisieren und ihre neue Wohnung erkunden. Warten Sie also mindestens ein, besser zwei Tage bis Sie versuchen, ein Insekt in das Terrarium zu setzen, um zu testen ob die Spinne dieses Futtertier bereits akzeptiert. Manche Spinnen haben auch die Angewohnheit, ihre Beute nicht sofort zu verzehren, sondern zuerst in einen Kokon einzuweben. So wird das Futtertier für einen späteren Verzehr aufbewahrt.

Für viele Vogelspinnenarten sind Nacktmäuse ein willkommenes Futter. Blitzschnell lähmen sie die kleine Maus mit ihrem Biß. Im Fachhandel gibt es auch getötete Babymäuse, die gefroren verschickt werden. Diese gefrorenen Nacktmäuse müssen nach dem Auftauen nur noch der Spinne mit Hilfe einer Pinzette angeboten werden. In der Regel akzeptieren sie dieses tote Futtertier.

Über einen Vitamin- oder Mineralstoffzusatz zu Futtertieren ist noch nicht viel bekannt geworden. Bei anderen Terrarientieren wie Echsen und Schlangen werden zum Beispiel die Futtertiere vor dem Verfüttern gerne mit Vitamingaben oder Mineralstoffen angereichert, damit eine Vitamin- und Mineralstoffversorgung gewährleistet ist. Bei Vogelspinnen wurde dieses Thema bis heute stark vernachlässigt. Da es sich bei den Futtertieren um lebende Tiere handelt, sind diese auch etwas schwieriger mit Vitaminen oder Mineralstoffen anzureichern. Im Fachhandel gibt es schon zahlreiche Präparate mit Vitaminen und Mineralstoffen für Terrarientiere zu kaufen. So könnten Sie zum Beispiel Futtertiere kurz vor dem Verfüttern, mit einem Mineralpulver bestäuben. Dazu legen Sie einfach einige Futtertiere in eine kleine Plastikdose und schütten etwas Pulver darüber. Dann schütteln Sie die Futtertiere etwas durch und so bleibt genug Pulver an diesen hängen. Auf diese Art und Weise können die Spinnen zusätzlich Vitamine und Mineralstoffe aufnehmen.

Bei regelmäßiger Beobachtung Ihrer Vogelspinnen, können Sie sehr schnell feststellen, ob diese gut genährt sind. Den Ernährungszustand Ihrer Spinne erkennen Sie am Umfang des Hinterleibs. Ist dieser Hinterleib klein und eingefallen, dann ist Ihre Vogelspinne einfach zu schlecht genährt. Jetzt wird es höchste Zeit, daß Sie sich intensiver um diese Spinne kümmern, bzw. auch den Grund für eine Unterernährung zu ergründen versuchen. Ein gut gefüllter, großer Hinterleib deutet auf eine gute Nahrungsversorgung hin. Interessanterweise ist festzustellen, daß Vogelspinnenmännchen nach der Reifehäutung weniger oft fressen, um wohl ihre Beweglichkeit zu erhalten.

Kurz vor der Häutung stellen Vogelspinnen sowieso das Fressen ein.

Der Verzehr eine Heuschrecke oder Schabe dauert relativ lange und das Fressen eines solchen Futtertiers dauert etwa eine Stunde. Größere Futtertiere, wie große Heuschrecken oder eine neugeborene Maus, können schon eine Tagesarbeit für eine Vogelspinne bedeuten.

Blitzschnell wird die Heuschrecke von den Fängen der Vogelspinne gepackt. Diese Mahlzeit wird etwa eine Stunde andauern.

Futterreste müssen unverzüglich wieder aus dem Terrarium entfernt werden, denn verderbende Futterreste sind ideale Nährböden für Milben, Pilze und Bakterien.

DIE HÄUTUNG

Um wachsen zu können, muß eine Vogelspinne sich häuten. Für die Vogelspinne ist die Häutung ein sehr komplizierter und schwieriger Vorgang, der ihr Leben erheblich beeinflußt. Das Außenskelett von Spinnentieren ist hart und kann deshalb nicht mit der Spinne mitwachsen. Um wachsen zu können, muß die Vogelspinne ihr altes Hautskelett abwerfen und eine neue größere Hauthülle bilden. Bereits während der Häutungsphase hat sich unter dem alten Hautskelett eine neue Haut gebildet, die dort zusammengefaltet liegt. Sofort nach dem Wechsel dehnt sich diese neue größere Haut weiter aus und beginnt fest zu werden. Das Festwerden der neuen Haut geschieht durch Sauerstoffeinwirkung der Luft. Kleine Babyspinnen müssen sich ebenfalls sehr häufig häuten, um schnell heranzuwachsen. Sie vertragen diese Häutungsvorgänge aber besser, als ihre erwachsenen Artgenossen.

Woran können Sie jetzt als Spinnenhalter feststellen, daß sich Ihre Spinne bald häuten wird. Die Häutung kündigt sich durch eine erste Nahrungsverweigerung und ein zurückgezogeneres Leben an. Die Bombadierspinnen lassen eine bevorstehende Häutung daran erkennen, daß sie sich ihre Haare am Hinterleib abgescheuert haben und sich die Glatze des Hinterleibes langsam dunkel verfärbt. Eine ausgewachsene weibliche Spinne häutet sich normalerweise nur einmal im Jahr, doch auch hier kann es Ausnahmen geben. Die erwachsenen Männchen häuten sich nach der Reifehäutung in der Regel nicht mehr, da ihre Lebenserwartung anschließend ja auch nicht allzu hoch ist.

Vor der Häutung sucht sich die Spinne einen geschützten Platz im Terrarium und polstert diesen mit einem Spinnengewebe aus. Dieses Gewebe erinnert an einen kleinen Teppich und auf diesen legt sie sich mit dem Rücken, um die Häutung durchzuführen. Die komplizierte Häutung läuft so ab, daß die Spinne zuerst die Gliedmaßen weit vom Körper ausstreckt und so mehrere Stunden ruhig liegen bleibt. Die alte Haut platzt an der Vorderseite des Vorderkörpers auf und hebt sich langsam ab. Anschließend reißt die dünne Haut am Hinterleib auf und die drei Phasen der Häutung haben somit begonnen. Zuerst pumpt die Spinne den Vorderkörper auf, was dann zum völligen Aufplatzen der Haut führt. Hierbei schrumpft der Hinterkörper etwas zusammen. Die Spinne steht regelrecht unter Spannung. Durch die sehr aktive Muskulatur wird die Haut immer weiter aufgerissen. Die schwierigste Phase bei der Häutung dürfte die Befreiung der feinen Körperteile wie der Beine oder der Chelizeren sein.

Die Häutung dauert normalerweise drei bis fünf Stunden und darf keinesfalls während des Häutungsvorgangs vom Pfleger gestört werden. Die neue Haut ist nach der Häutung noch sehr weich und die Spinne ist anfällig gegen Verletzungen. In der Natur ist sie so eine leichte Beute und deshalb ist es verständlich, daß sie sich während der Häutung gerne in ein Versteck zurückzieht. Baumbewohnende Vogelspinnen benutzen für die Häutung meist ihre Wohnröhre. Interessanterweise ist festzustellen, daß sich verlorene Gliedmaßen während der Häutung ersetzen. So bekommt also eine Vogelspinne, die zuvor ein Bein verloren hatte, mit der Häutung ein neues Bein.

Dies sind verschiedene Häute von Vogelspinnen, und sie sehen tatsächlich lebenden Spinnen täuschend ähnlich.

Eine völlig intakte Haut einer Vogelspinne, bei welcher die Geschlechtsbestimmung möglich sein kann, allerdings gehört hierzu auch etwas Übung und Erfahrung.

Über die Jahre gesammelt ergeben die Spinnenhäute einen guten Überblick über das Wachstum und Alter Ihrer Vogelspinne. Bewahren Sie also interessehalber ruhig einmal diese abgeworfenen Häute auf.

Verblüffend ist nach der Häutung die herrliche satte Färbung der Vogelspinne. Nach der Häutung sind Vogelspinnen farblich am schönsten. Mit der alten Haut hat die Spinne auch ihre Sinnesorgane, die Augenlinsen, Speiseröhre, Magen und Spinnwarzen abgeworfen und die abgeworfene Haut sieht sehr spinnenähnlich aus und schon oft wird so mancher erschrockene Terrarianer vor seinem Terrarium festgestellt haben, daß die Spinne jetzt gestorben ist. Doch es handelte sich nur um die alte, abgeworfene Haut. Übrigens können Sie diese aus dem Terrarium entfernen und jetzt anhand der alten Haut auch das Geschlecht Ihrer Vogelspinnen genauer bestimmen.

Daß sich während des gesamten Häutungsvorgangs kein Futtertier im Terrarium befinden darf, dürfte wohl klar sein, denn gerade größere Futtertiere wären durchaus in der Lage, eine wehrlose Spinne zu verletzen. Wenngleich auch die Verletzungsgefahr nicht so groß wäre, so würde doch die Störung der Spinne durch das Futtertier die Häutung eventuell in ihrem Ablauf beeinflußen. Spinnenliebhaber heben die alten Häute gerne auf und gerade bei jung erworbenen Vogelspinnen läßt sich durch die Dokumentation mit den Häuten das Alter der Spinne jederzeit feststellen. Interessant ist es allemal, aufgrund der Häute das Leben und Wachstum einer Vogelspinne, die man selbst großgezogen hat und über Jahre pflegte, festzuhalten.

Die Geschlechtsbestimmung

Die meisten Vogelspinnenliebhaber halten Vogelspinnenweibchen, da diese eine höhere Lebenserwartung besitzen. Die Weibchen sind in der Regel etwas größer als die Männchen. Oft tritt bei einer geplanten Nachzucht das Problem auf, daß kein geschlechtsreifes Männchen verfügbar ist. Es empfiehlt sich deshalb dem ernsthaften Vogelspinnenliebhaber, der sich auch mit der Zucht einiger Arten beschäftigen möchte, rechtzeitig daran zu denken und Vogelspinnenmännchen aufzuziehen. Diese sind ja nur für wenige Monate nach ihrer Geschlechtsreife zur Weiterzucht zu verwenden. Am effektivsten ist es deshalb, Jungspinnen aufzuziehen, bis sie erwachsen sind. Die Geschlechtsbestimmung bei Vogelspinnen ist eine sehr schwierige Aufgabe und nur durch entsprechende Übung und Erfahrung von Erfolg gekrönt. Es ist deshalb schon sehr wichtig, möglichst früh festzustellen, ob Männchen unter den Jungtieren sind, die dann gezielt aufgezogen werden können, um später damit zu züchten.

Die Geschlechtsbestimmung von Jungspinnen ist ein sehr wichtiges Gebiet und eröffnet viele Möglichkeiten für die spätere Zucht. Erst im Alter von etwa vier Monaten kann bei einer Häutung das Geschlecht bestimmt werden. Etwas günstiger ist es jedoch abzuwarten und in einem Alter von etwa sechs Monaten, dann sicher das Geschlecht bestimmen zu können. Wenn Sie einmal das Geschlecht Ihrer Spinne festgestellt haben, sollten Sie darüber Buch führen und die Spinne in das zukünftige Zuchtprogramm einbringen. Andere Züchter sind auch immer dankbar, wenn Sie Männchen bekommen können, um damit ihre weiblichen Spinnen zu verpaaren. Wenn Sie Schwierigkeiten haben, die Geschlechtsbestimmung anhand der Haut vorzunehmen, dann sollten Sie sich doch an einen erfahrenen Züchter oder Vogelspinnenhalter wenden, der Ihnen weiterhelfen kann.

Der Körper einer Vogelspinne wird im Wesentlichen in zwei Teile untergliedert. Der Vorderkörper beinhaltet die Augen, Beine, Chelizeren usw. Im Hinterleib sitzen die Buchlungen, die Spinndrüsen, sowie die Öffnungen der Fortpflanzungsorgane. Bei den Weibchen bestehen die Fortpflanzungsorgane aus zwei Eierstöcken sowie Röhren, durch welche die Eier über eine vergrößerte Tasche nach außen befördert werden. Vor dieser Tasche gehen zwei Säcke ab, in denen der männliche Samen gelagert wird. Diese „Säcke" werden Spermatheken genannt. Die Spermathek und die Uterusta-

Spinnenhaut, die mit etwas Wasser angefeuchtet wurde, um sie gut dehnbar zu machen, um später das Geschlecht der Spinne zu bestimmen.

Von unten betrachtet sind die Klauen dieser Avicularia versicolor *deutlich zu sehen. Allerdings handelt es sich bei dieser Art um einen friedlichen Vertreter unter den Vogelspinnen.*

sche sind mit der Oberhaut beschichtet. Die Spinnenweibchen, welche sich als erwachsene Spinnen häuten, werfen diese Beschichtung mit der alten Haut ab. Dies bedeutet also, daß die vorher gepaarten Weibchen quasi wieder jungfräulich werden, da sie allen aufbewahrten Samen mit der abgeworfenen Haut verloren haben. Das Vorhandensein dieser Spermathek weist darauf hin, daß es sich zweifellos um eine weibliche Spinne handelt. So können Sie das Geschlecht der Spinnen am Vorhandensein oder nicht Vorhandensein der Spermathek nach der Häutung bestimmen. Zu Untersuchung der Haut ist es günstig, wenn diese weich und elastisch ist. Sie können deshalb die Haut in einer Mischung aus Wasser mit etwas Spülmittel weichen lassen, um danach diese vorsichtig auseinanderfalten zu können. Legen Sie die nasse Haut auf eine Glasscheibe und ordnen Sie sie so an, daß beide Buchlungen zu sehen sind. Mit einer stärkeren Lupe können Sie bei erwachsenen Spinnen diese Buchlungen gut sehen. Zwischen den vorderen Buchlungen befindet sich die Epigastralfurche und oberhalb dieser Furche sind die weiblichen Geschlechtsorgane angeordnet. Die Spermathek existiert in zwei Hauptarten - einlappig oder zweilappig. Bei den meisten Vogelspinnenarten ist ein Weibchen recht einfach erkennbar, aber um ein Männchen identifizieren zu können, müssen Sie schon eine große Erfahrung besitzen, da etliche Arten zusätzliche Drüsen an der Stelle haben, wo sich die Spermathek befindet. So kann es leicht vorkommen, daß man sich täuschen läßt und ein Männchen für ein Weibchen hält. Diese zusätzlichen Drüsen eines erwachsenen Männchens können der Spermathek von heranwachsenden jungen Weibchen stark ähneln.

Insgesamt ist die Geschlechtsbestimmung von Vogelspinnen ein interessantes und schwieriges Gebiet und vielleicht macht dies auch den Reiz aus, um sich intensiver damit zu befassen und eine mögliche Zucht anzustreben. Gerade durch die Hobbyzuchten der engagierten Terrarianer gelingt es heute, sehr viele Spinnenarten aus Nachzuchtprogrammen in den Handel zu bringen. So werden Entnahmen aus der Natur weitgehend reduziert.

DIE ZUCHT VON VOGELSPINNEN

Vogelspinnen gehören bereits zu den mehr oder weniger bedrohten Tierarten, denn ihre Biotope in der Wildnis werden durch die Zivilisation schon stark beeinträchtigt. Aus diesem Grund ist es wichtig, die in der Wildnis lebenden Arten zu erhalten. Durch eine verantwortungsvolle Vogelspinnennachzucht und den Verkauf dieser Nachzuchten an Liebhaber wird durch die Terraristik ein großer Beitrag zur Erhaltung dieser Arten geleistet. Aus den Wildbeständen werden kaum noch Tiere für die Terraristik entnommen. Die Zucht von Vogelspinnen ist weit verbreitet und auch international werden regelrechte Zuchtprogramme durchgeführt, die letztendlich der Erhaltung von Vogelspinnen dienen.
Aus diesem Grund ist es auch begrüßenswert, wenn Sie sich zu einer verantwortungsvollen Nachzucht von Vogelspinnen entschließen.
Viele der im Fachhandel angebotenen Vogelspinnenarten lassen sich im Terrarium gut nachzüchten. Als verantwortlicher Terrarianer sollten Sie aber auch die Folgen einer Zucht bedenken und wissen, daß ein Spinnenpärchen mehrere hundert Eier zeugen wird und Sie dann möglicherweise vor dem Problem stehen, daß Sie auch einige hundert kleine Spinnen besitzen werden. In der Natur reguliert sich diese hohe Eizahl und die Anzahl der Schlüpflinge durch eine hohe Todesrate. Diese hohe Todesrate gibt es im Terrarium selbstverständlich nicht, denn hier fehlen die natürlichen Freßfeinde. Es werden also hunderte von Jungspinnen schlüpfen und Ihnen Probleme bereiten. Nicht nur die optimale Versorgung, sondern auch der spätere Verkauf wird Probleme bereiten.
Am besten geeignet für die Verpaarung mit einem Männchen sind Weibchen, die sich erst vor kurzer Zeit gehäutet hatten. Das Männchen muß seine Reifehäutung hinter sich gebracht haben, denn dann beginnt es, ein Spermanetz aufzubauen. Bereits wenige Wochen nach der Reifehäutung baut das Männchen in einer Ecke des Terrariums ein kleines hängemattenartiges Netz. Ist das Netz fertiggestellt, wird es unter dieses kriechen und sein Sperma daran befestigen. Ist dies geschehen, steigt es über das Netz und saugt mit den Bulben das Sperma wieder auf. Erst wenn dieser Vorgang abgeschlossen ist, ist das Männchen auch in der Lage bei der Paarung das Sperma in die Samentasche des Weibchens abzulegen. Der Bau dieses Spermanetzes geht sehr schnell vonstatten und oft hat man als Pfleger kaum Gelegenheit, diesen Vorgang zu beobachten. Etwa acht Wochen nach der Reifehäutung ist das Männchen bereit sein Sper-

Dieses Poecilotheria ornata *Weibchen hat sich vor nicht allzu langer Zeit gehäutet und zeigt eine sehr intensive Färbung. Sie zählt zu den schönen baumbewohnenden Arten mit einer interessanten Ornamentzeichnung. Ihre Farben variieren je nach Herkunftsort etwas.*

ma abzugeben. Zur Paarung ist jetzt ein Weibchen der gleichen Art wichtig. Wenn Sie selbst kein paarungsbereites Weibchen besitzen, müssen Sie sich mit einem bekannten Vogelspinnenliebhaber absprechen, um nach dem geeigneten Weibchen zu suchen. Vor der eigentlichen Paarung sollten beide Spinnen gut gefüttert worden sein. Zur Paarung selbst können Sie die beiden Spinnen in ein speziell dafür vorbereitetes Terrarium einsetzen. Dieses darf dann nicht zu klein sein, damit die männliche Vogelspinne die Möglichkeit hat, vor dem Weibchen zu flüchten. Sind die Weibchen nämlich nicht paarungsbereit, können Sie sehr viel Aggressivität gegenüber den Männchen entwickeln. In der Natur wartet das Weibchen in seiner Höhle auf ein paarungswilliges Männchen. Deshalb wäre es auch ideal, wenn Sie das Weibchen in seinem Terrarium belassen könnten und das Männchen dazusetzen. Ist das Terrarium jedoch sehr klein, kann dies bei fehlenden Versteckmöglichkeiten für das Männchen ein Problem werden. In ein speziell für die Paarung vorbereitetes Terrarium müssen Sie das Weibchen schon etwa zwei Wochen vor dem Männchen einsetzen. So hat es die Möglichkeit, sich an die neue Umgebung zu gewöhnen und seinen Sexualstoff zu verbreiten.

Der Paarungsablauf bei Vogelspinnen verläuft teils sehr stürmisch und nicht immer friedlich. Unter Umständen muß der Pfleger dem unterlegenen Männchen zu Hilfe eilen. Ist das Männchen in das Terrarium eingesetzt worden, beginnt es mit dem Körper zu zucken und mit den Beinen zu trommeln. Schnell nimmt das Weibchen diese Schwingungen wahr und verläßt die Höhle, um ebenfalls mit dem trommeln zu beginnen. Wenn beide Tiere diese Reaktion zeigen, ist dies ein gutes Zeichen für eine erfolgreiche Paarung. Das Männchen darf das Weibchen jetzt abtasten und das Weibchen stellt sich auf, worauf es von dem Männchen mit dem ersten Beinpaar hochgestemmt wird. Das Männchen hat das Weibchen fest im Griff und versucht seine Bulben in der Epigastralfurche des Weibchens einzuhaken. Krümmt sich nun das Vogelspinnenweibchen, so ist die Einführung des Bulbus geglückt. Nach der Begattung löst sich das Männchen und läuft vom Weibchen weg.

Ist das Weibchen noch nicht paarungsbereit, so antwortet es nicht auf die Signale des herannahenden Männchens. Kommt das Männchen einem nicht paarungsbereiten Weibchen zu nahe, so kann es vorkommen, daß es als Beute betrachtet wird und da die Männchen ja wesentlich kleiner gebaut sind als die Weibchen, haben sie keine Chance ihm zu entkommen. Nur in einem entsprechend großen Terrarium mit Versteckmöglichkeiten haben die Männchen eine Überlebenschance. Leider sind die Weibchen auch nach Erfolg der Paarung aggressiv

Diese jüngere Avicularia metallica *gehört zu den friedlichen Vogelspinnenarten und kann ohne weiteres in die Hand genommen werden. Der Kontrast zu dem satten Grün der Pflanzen erhöht die intensive Färbung der Spinne. Versuchen Sie es also ruhig mit einigen Pflanzen im Terrarium.*

gegenüber den Männchen. Hier muß der Pfleger schützend eingreifen und das Männchen herausfangen. Jedoch gibt es auch Vogelspinnenarten, wo die Paarung sehr friedlich verläuft und das Männchen nicht in Gefahr ist. Mit die friedlichsten Vogelspinnen bei der Paarung sind *Avicularia*-Arten und deshalb dem Anfänger in der Spinnenzucht auch zu empfehlen. Wenn Sie sich also intensiv mit der Vogelspinnenzucht befassen wollen, dann beginnen Sie zuerst einmal mit einem Pärchen von *Avicularia avicularia* oder *Avicularia metallica.*

Die begatteten Weibchen entwickeln nach der Verpaarung einen großen Appetit und der Hinterkörper entwickelt sich immer stärker. Nach etwa sechs bis acht Wochen sucht das Weibchen ein Versteck auf und beginnt dort eine Brutkammer auszubauen. Diese Brutkammern werden Kokon genannt. In der Natur werden die Verpaarungen und der spätere Kokonbau mit Sicherheit durch klimatische Reize ausgelöst. Im Terrarium sind solche Auslösefaktoren wesentlich schwieriger herzustellen, jedoch hilft oft gerade bei schwierigeren Vogelspinnen ein simulierter Klimawechsel, um die Paa-

Dieses Weibchen von Pamphobeteus spec. *bewacht seinen Kokon, aus welchem nach der Reifezeit die Jungspinnen ausschlüpfen werden.*

Die typischen „Terrarien" von Baby-Vogelspinnen. In diesen Filmdöschen halten Profis ihre kleinen Spinnen, die ja nur wenige Millimeter groß sind. In jedem Döschen befindet sich etwas feines Bodensubstrat.

Für Vogelspinnen der nächsten Größe sind diese Kunststoffbecher schon besser geeignet. Mit dem Wachstum wächst also auch die Größe des Behälters mit.

rung bzw. einen Kokonbau auszulösen. Der Bau eines solchen Kokons wird meist dadurch angekündigt, daß das Weibchen anfängt die Nahrung zu verweigern. Das Weibchen verschwindet in seinem Netz, in welches es diesen Kokon einbaut. Für den Terrarianer ist es sehr schwierig einen Einblick in das Innere des Nests zu bekommen. Die Eier, welche das Weibchen legt, werden direkt beim Verlassen des Spinnenkörpers automatisch befruchtet. Die Eier werden in den gesponnen Teppich eingerollt und nochmals umsponnen, bis ein kugelförmiger Kokon entstanden ist. Diesen bewacht das Weibchen, bis die Jungtiere schlüpfen. Je nach Art dauert der Schlupf der Jungtiere sechs bis zehn Wochen, wobei die äußeren Bedingungen auch eine Rolle spielen. Beunruhigen Sie sich nicht, wenn das Weibchen in dieser Zeit der Eientwicklung keine Nahrung zu sich nimmt. Manche Züchter nehmen den Spinnenweibchen den Kokon ab, um die Jungspinnen in einem eigenen Terrarium schlüpfen zu lassen. Ob diese „künstliche" Aufzucht sinnvoll ist, sei dahingestellt. In jedem Fall ist es günstiger das Muttertier bei dem Kokon zu belassen und abzuwarten bis die Jungspinnen schlüpfen. Sind die Jungspinnen geschlüpft, können Sie das Alttier aus dem Terrarium entfernen. Unter den kleinen Spinnen herrscht schon sehr früh Kanibalismus und sie beginnen sich gegenseitig aufzufressen. Eine erste Möglichkeit dieses gegenseitige Auffressen zu verhindern, ist es, das Terrarium etwa halbvoll mit Torf und Moos zu füllen, damit sich die Jungspinnen möglichst viele kleine Höhlen graben können. So gehen sie sich am besten aus dem Wege und bekämpfen sich nicht so stark. Dies ist aber nur für einige Wochen eine Möglichkeit Kanibalismus zu verhindern.

Im Kokon haben die kleinen Spinnen bereits zwei Häutungen durchgemacht und nach einigen Wochen durchlaufen sie die erste Häutung außerhalb des Kokons. Als Erstfutter für die Jungspinnen eignen sich kleine frischgeschlüpfte Grillen und Fruchtfliegen. Diese speziellen Futtersorten können Sie über den Zoofachhandel und Versandhandel regelmäßig erhalten. Während der Pflege von so vielen kleinen Spinnen im Terrarium müssen Sie unbedingt darauf achten, daß die günstigste Luftfeuchtigkeit im Terrarium eingehalten wird. Auch eine regelmäßige Fütterung ist Voraussetzung, um Kanibalismus einzudämmen.

Etwas größer sind diese Kunststoffdosen, die alle von je einer Babyspinne bewohnt werden. Die Kunststoffschaumdeckel sind leicht angefeuchtet.

***unten:** Bei der Fütterung von mehreren Dutzend Vogelspinnen, ist es sehr einfach mit einem Fingerdruck den Schaumstoff wegzudrücken, das Futtertier hineinfallen zu lassen und durch Herausziehen des Fingers, das „Terrarium" wieder einfach zu verschließen.*

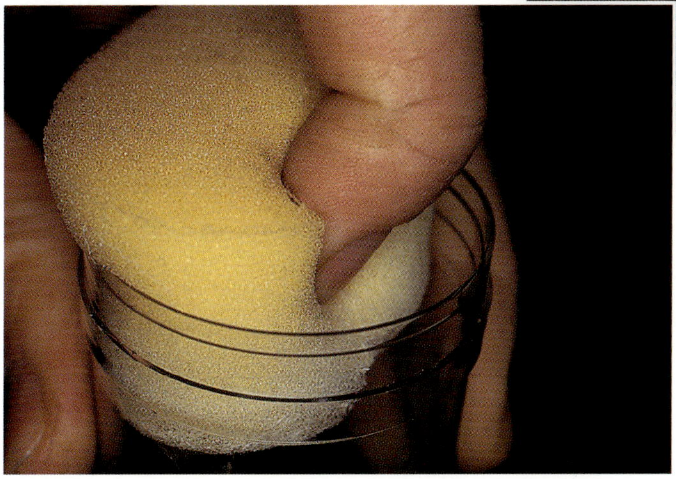

Aber bereits nach vier Wochen werden Sie nicht mehr umhin kommen die Jungspinnen in Einzelterrarien umzusetzen. Terrarium ist hier wohl etwas zuviel gesagt, denn bezüglich der Größe von Babyspinnen ist schnell festzustellen, daß kleine Kunststoffdosen die besten „Miniterrarien" für Jungspinnen sind. Diese Kunststoffbehälter erhalten Sie im Fachhandel, oder Sie versorgen sich einfach mit Recyclingdosen aus dem Haushalt. Die Kunststoffbehälter werden gut zur Hälfte mit feuchtem Vermikulit oder Walderde aufgefüllt. Günstig ist auch die Zugabe von etwas Moos, um die Feuchtigkeit besser zu speichern. Eine einfache Möglichkeit, Jungspinnen ohne Verletzungen zu fangen, ist eine Filmdose. In dieses Filmdöschen können Sie die Jungspinnen mit der Fingerspitze hineintreiben. In diese kleine Dosen können natürlich keine speziellen Wasserbehälter gegeben werden und deshalb empfiehlt es sich, die Dosen mit einem feuchten Schwamm zu verschließen. Der feuchte Schwamm kann so zugeschnitten werden, daß er mit etwas Druck die Dose komplett verschließt. Mit einem Fingerdruck kann der Schaumstoff auf die Seite gedrückt werden, um die Futtertiere in die Dose hineinfallen zu lassen. So lassen sich mehrere Dutzend von Jungspinnen schnell und einfach versorgen.

Ansonsten ist die Aufzucht von Jungspinnen relativ problemlos und je nach Wachstum werden sie in größere Behälter umgesetzt.

Bei der Aufzucht von Vogelspinnen müssen Sie jedoch immer daran denken, daß ein Absetzen einer größeren Anzahl von jungen Vogelspinnen, sicherlich nicht unproblematisch ist. Besonders wenn es sich um sehr gängige und preisgünstige Exemplare handelt, ist ein Absatz sehr problematisch. Der Reiz der erfolgreichen Vogelspinnenzucht wird jedoch bleiben und Sie in seinen Bann ziehen. So werden Sie sich nach und nach an schwierigere und seltenere Vogelspinnen heranwagen, um diese ebenfalls erfolgreich nachzuzüchten. Es gibt in diesem Bereich sicherlich noch einiges zu tun und es ist wünschenwert, daß verantwortungsvolle Züchter dafür sorgen, daß der Hobbybereich mit Nachzuchten versorgt wird, um eine Entnahme aus der Natur durch die Terraristik weitgehend auszuschließen.

VERLETZUNGEN UND KRANKHEITEN

Verletzte Vogelspinnen zu behandeln, ist äußerst schwierig. Es gibt nur wenig Erfahrung mit der Behandlung von Krankheiten und Verletzungen bei diesen feingliedrigen Tieren. Auch beim Tierarzt wird man kaum Erfolg haben, es sei denn, er hat sich auf solche exotische Tiere spezialisiert. Glücklicherweise übertragen Vogelspinnen keine ansteckenden Krankheiten auf den Menschen und deshalb ist es völlig ungefährlich, sich näher mit einer Vogelspinne zu befassen, sie anzulangen oder zu behandeln.

Immer wieder kommt es zu Stürzen bei Vogelspinnen, wenn diese zum Beispiel herausgenommen werden und dann vielleicht von einer Unterlage herabfallen. Doch auch innerhalb des Terrariums kann es zu Stürzen kommen, wenn zum Beispiel baumbewohnende Spinnen von einem Ast fallen. Dies ist auch ein Grund, weshalb die Gegenstände im Terrarium nicht scharfkantig und spitz sein sollten. Bevorzugen Sie hier runde, abgeflachte Einrichtungsgegenstände. Natürlich bringt ein Sturz aus etwa 20-30 Zentimetern Höhe im Terrarium eine Vogelspinne noch nicht in große Schwierigkeiten. Denken Sie einmal daran, wenn Sie zum Beispiel stachelige Kakteen in ein Terrarium mit baumbewohnenden Vogelspinnen einpflanzen werden. An diesen Kakteenstacheln könnten sich Vogelspinnen schon ernsthaft verletzen. Werden Gliedmaßen wie Beine verletzt oder gar herausgerissen, so wachsen diese bei der nächsten Häutung wieder nach. Allerdings kann es auch mehrere Häutungsvorgänge dauern, bis das Bein komplett in voller Größe nachgewachsen ist. Bei Stürzen kann es zu Blutungen an den Beingelenken kommen. Das Blut von Vogelspinnen ist jedoch eine farblose Flüssigkeit, die deutlich zu sehen ist. Diese Blutung sollte gestoppt werden und dafür gibt es eine einfache Methode, nämlich das Bepudern mit unparfümiertem Talkumpuder. Wird diese Wunde schnell versorgt, heilt sie auch problemlos ab. Wird das Bein dennoch abgeworfen, so müssen Sie sich keine Sorgen machen, denn Sie wissen ja, daß sich dieses

Stachelige Kakteen sind keine Einrichtungsgegenstände für ein Vogelspinnenterrarium, denn die Tiere könnten sich hier verletzen.

Bein bei der nächsten Häutung wieder regenerieren wird. Eine meist tödliche Verletzung für Vogelspinnen ist das Aufplatzen des Hinterleibs. Ein großer Riß im Hinterleib ist meistens unheilbar und wenn Ihre Spinne leidet und nicht mehr zu retten ist, sollten Sie ernsthaft überlegen, sie zu töten.

Vogelspinnen können auch unter Milben leiden, die in das Terrarium eingedrungen sind. Deshalb ist es wichtig, bei der Neueinrichtung eines Terrariums, eine gründliche Desinfektion nicht nur der Einrichtungsgegenstände und des Terrariums, sondern auch des Bodengrunds vorzunehmen. Die einfachste Art, Bodengrund zu sterilisieren, ist eine kräftige Erhitzung auf einem Backblech im Back-

Diese Brachypelma auratum *hatte eine Verletzung am Hinterleib und hat auch schon einen Teil ihrer Haare verloren.*

ofen. Natürlich müssen Sie das Bodensubstrat vor dem Einbringen in das Terrarium wieder gründlich abkühlen lassen. Pilzkrankheiten können ein Problem werden, wenn Sie zum Beispiel den Hinterleib der Vogelspinne befallen. Oft schimmert dann der Hinterleib an der unbehaarten Stelle weiß-grau und solche Pilzkrankheiten sind unbedingt mit Salben oder Sprays zu behandeln. Allerdings sind diese Behandlungen nicht unproblematisch, denn es gibt kaum Anweisungen hierzu in der einschlägigen Literatur, da die Erfahrungen noch in den Kinderschuhen stecken. Am besten unterhalten Sie sich dann mit einem Vogelspinnenexperten, oder einem Fachhändler, welcher Vogelspinnen zum Verkauf anbietet. Sie können auch Ihren Apotheker nach Medikamenten wie Salben oder Sprays fragen, die gegen Hautpilze beim Menschen helfen. Es gibt auch Apotheken, die sich auf Tiermedizin spezialisiert haben und dort können Sie auch Präparate gegen Pilze im Bereich der Tiermedizin erhalten. Einen Versuch ist es allemal wert, Ihre erkrankte Spinne zu behandeln. Hautkrankheiten treten immer verstärkt im Bereich des Hinterleibs und an den Beingelenken auf. Die Behaarung wird an diesen Stellen abgescheuert und es entstehen unschöne Hautveränderungen.

Bei dieser Teraphosa blondi *ist der Hinterleib auch schon zum Großteil enthaart und abgescheuert. An diesen Stellen entstehen unschöne Hautveränderungen und eventuell auch einmal ein Hautpilz, der dann behandelt werden muß.*

Die beste Methode, Krankheiten zu verhindern, ist die Vorbeugung. Wenn Sie die Haltungsbedingungen für Ihre Vogelspinne optimieren, werden auch kaum Krankheiten auftreten. Sauberkeit im Terrarium, eine gute Fütterung, ideale Temperaturen, eine entsprechende Luftfeuchtigkeit und schon haben Sie den meisten Krankheiten erfolgreich vorgebeugt. Stirbt ein Vogelspinne nicht an Krankheiten, sondern eines natürlichen Todes, so merken Sie dies daran, daß Sie die Futterannahme verweigert und sich immer mehr zurückzieht, langsam aber sicher abmagert und eines Tages ihre Beine zusammenzieht und unter den Körper positioniert. Ist dies der Fall, steht der Tod kurz bevor.

GUT HALTBARE VOGELSPINNENARTEN

Avicularia-Arten

Die Vogelspinnen der Gattung *Avicularia* sind bei Terrarianern sehr beliebt, da es sich um schöne und ruhige Spinnen handelt. Sie sind alle sehr gut haltbar und ohne größere Probleme zu pflegen. Die meisten *Avicularia*-Arten kommen aus Südamerika und benötigen entsprechende Hälterungstemperaturen und ein feuchtwarmes Kleinklima im Terrarium. Im Fachhandel sind auch sehr gut Jungtiere zu erwerben und es macht großen Spaß, diesen schön gefärbten Jungtieren beim Wachsen zuzusehen. Mit einer *Avicularia*-Vogelspinne treffen Sie immer eine gute Wahl, was Friedfertigkeit, einfache Haltung und Färbung angeht. Lassen Sie sich von den hier abgebildeten Arten begeistern und suchen Sie sich Ihre Vogelspinne aus.

Avicularia magdalena
Hier auf einem Stück Korkrinde, wie es sehr gerne zur Dekoration und für Versteckplätze in Vogelspinnenterrarien verwendet wird. Hier handelt es sich um ein ausgewachsenes Exemplar mit sehr dunkler Färbung.

Avicularia metallica
Ist äußerst friedlich, kann aber sehr gut klettern und mag wie alle Baumbewohner ein entsprechend hohes Terrarium, welches mit Klettermöglichkeiten ausgerüstet ist. In der Natur leben sie in hohlen Bäumen und im Geäst von größeren Büschen. Durch ihre metallisch blaue Färbung erhielt sie ihren Namen. Beachten Sie die hellen Endpunkte an den Beinen.

Avicularia purpurea

Ist mit fünf bis sechs Zentimetern normaler Körpergröße ebenfalls kein Riese unter den Vogelspinnenarten. Hier sehen Sie den Teil eines Gespinstes und sehr gut ist zu erkennen, daß sich die Spinnweben von Vogelspinnen von den üblichen Spinnennetzen unserer Hausspinnen völlig unterscheiden. Avicularia purpurea *zeigt bei entsprechender Beleuchtung auf der schwarzen Körperfärbung einen purpurfarbenen Schimmer, was letztendlich auch ausschlaggebend für die Namensgebung war. Auch sie gehört zu den friedlichen Terrarienbewohnern unter den Vogelspinnenarten.*

Avicularia urticans
Zeigt auch eine fast tiefschwarze Grundfärbung. Auf dieser Aufnahme ist zu sehen, daß auch ein Vogelspinnenterrarium durchaus attraktiv gestaltet werden kann. Es ist übrigens auch nicht erforderlich, Vogelspinnen immer in kleinen Behältern zu pflegen, da sich die Ansicht breit gemacht hat, daß Vogelspinnen nur wenig Platz benötigen. Wenn Sie also die Möglichkeit haben, Ihre Vogelspinne in einem größeren Terrarium mit entsprechend schöner Einrichtung zu pflegen, dann ist dies sowohl für die Spinne als auch für Sie ein Gewinn.

Avicularia versicolor *Zeigt hier die schöne Färbung mit dem kupferroten Hinterteil.* Avicularia versicolor *ist eine sehr attraktive Vogelspinnenart und wenngleich die Paarung durchaus stürmisch verlaufen kann, sind sie sonst sehr friedlich.*

Aufnahme einer ausgewachsenen Avicularia versicolor *mit schöner metallisch blauer Färbung, aber nicht so intensiv kupferrot gefärbtem Hinterteil.*

In solchen Miniterrarien aus Kunststoffdosen mit Deckeln werden Jungspinnen gepflegt. Hier eine junge Avicularia versicolor, *die schon ihr gesamtes Wohnzimmer mit einem Wohngespinst ausgekleidet hat. Die kleine Spinne zeigt eine sehr intensive blaue Färbung und ist durchaus attraktiv. Passen Sie jedoch auf, wenn Sie solche kleine Spinnen aus dem Terrarium herauslassen, denn sie sind sehr flink und wegen ihrer geringen Größe auch nur schwer zu entdecken und so ist es durchaus schnell passiert, daß sie außer Reichweite gelangt und verschwunden bleibt.*

Avicularia spec. - Peru
Immer wieder gelangen Unterarten von Vogelspinnenarten in den Handel, die keine Namensbezeichnung tragen. Die Bestimmung von Vogelspinnen ist äußerst schwierig und selbst langjährig erfahrene Fachleute haben Probleme, manche Vogelspinnenarten einzuordnen. Im Handel werden diese Tiere dann als spec. bezeichnet und bekommen meist noch zusätzlich eine Länderbezeichnung, die aussagt, wo diese Vogelspinnenart gefangen wurde. Hier handelt es sich um eine sogenannte Avicularia spec. Peru.

Mit der Bezeichnung Avicularia *spec. Peru Nummer 2 kam diese Vogelspinne in den Handel und wurde so angeboten.*

Sehr dunkel wirkt diese Avicularia *spec. Guyana, die mit diesem Namen im Handel ist.*

Hier ein Jungtier von Avicularia *spec. ohne nähere Bezeichnung, welches gerade aus seinem Wohngespinst herausklettert, um den Fotografen etwas näher zu betrachten.*

Eine weitere nicht näher bestimmte Unterart mit dem Handelsnamen Avicularia *spec. Ecuador.*

Brachypelma-Arten

In der Regel sind Vogelspinnen ohne Handelsbeschränkungen verfügbar. Jedoch alle *Brachypelma*-Arten unterliegen inzwischen dem Washingtoner Artenschutzabkommen und müssen mit einer Cites-Bescheinigung gehandelt werden. Allerdings ändern sich diese Bestimmungen immer wieder, so daß es durchaus möglich erscheint, daß in einigen Monaten oder Jahren andere Bestimmungen zur Anwendung kommen. In jedem Falle werden von Terrarianern sehr viele Vogelspinnen schon nachgezüchtet, so daß eine Entnahme aus der Natur immer unwahrscheinlicher wird. Der Terrarianer ist es auch nicht, der solche Vogelspinnenarten bedroht und dafür sorgt, daß sie auf die Liste der gefährdeten Arten gelangen. In der Regel ist es so, daß die Umweltbedingungen in den Heimatländern der Tiere so dramatisch verändert werden, durch Eingriffe die der Mensch zu verantworten hat, daß viele Tierarten vom Aussterben bedroht werden. Verantwortungsvolle Terrarianer kümmern sich also in erster Linie um die Arthaltung und Vermehrung von bedrohten Tieren. *Brachypelma*-Arten sind in der Regel sehr friedliche Vogelspinnen, die gut zu halten sind und von ihrem Pfleger nicht allzu viel fordern. Sie gehören zu den bodenbewohnenden Vogelspinnen und deshalb müssen ihre Terrarien nicht zu hoch sein. Die Grundpflege des Terrariums spielt schon eher eine Rolle, denn sie graben sich Wohnhöhlen, bzw. Versteckplätze unter Korkrinden und ähnlichen Einrichtungsgegenständen. Sie gehören zu den Bombardierspinnen, was bedeutet, daß sie im Falle eines Angriffs, bzw. von Gefahr mit den Körperhaaren bombardieren. Deshalb haben diese Vogelspinnen auch oft kahle Stellen am Hinterleib, weil sie ihre Körperhaare abgestreift haben. Diese feinen Härchen reizen Allergiker besonders stark und wenn Sie Allergiker sind, müssen Sie sich schon sehr gründlich überlegen, ob Sie solche Vogelspinnen überhaupt halten können.

Brachypelma albopilosum
Jüngeres Tier von Brachypelma albopilosum, *welches jedoch auch schon eine attraktive Färbung besitzt. Diese Vogelspinnenart wächst nur sehr langsam und es dauert etwa drei Jahre bis sie ausgewachsen ist. Da es sich um eine sehr fruchtbare Vogelspinnenart handelt, werden Jungtiere relativ billig angeboten.*

Brachypelma albopilosum
Stammt aus Costa Rica und liegt mit ihrer Körpergröße wie die meisten Brachypelma-*Arten bei etwa fünf bis sieben Zentimetern. Sie ist eine durchaus attraktive Vogelspinne und sehr gut zu handhaben. Da sie ein sehr ruhiger Vertreter der Vogelspinnen ist, kann sie Anfängern in diesem Hobby durchaus empfohlen werden. Paarung und Aufzucht verlaufen relativ ruhig und unproblematisch.*

Brachypelma angusta

Stammt aus Costa Rica und ist ebenfalls gut im Terrarium haltbar. Hier handelt es sich um ein Jungtier, welches allerdings schon eine interessante Körperzeichnung zeigt. Jungtiere werden in kleinen Kunststoffbehältern einzeln gepflegt, da sie gegeneinander räuberisch sind. Würde man versuchen, mehrere Dutzend Jungtiere miteinander in einem Terrarium aufzuziehen, so käme es zu erheblichen Verlusten durch Kanibalismus. Dies ist auch ein Problem bei der Jungspinnenaufzucht, daß sie schon relativ früh voneinander getrennt werden müssen, was wiederum bedeutet, daß unter Umständen mehrere Dutzend an Kleinstterrarien zu pflegen sind.

Brachypelma auratum

Erinnert in ihrer Färbung sehr stark an die bekannte Brachypelma smithi *und wurde deshalb fälschlicherweise auch oft mit dieser verwechselt. Wie auch* Brachypelma smithi *ist diese Art sehr attraktiv durch die Rotfärbung der Beingelenke. Natürlich gehört sie auch zu den Bombardierspinnen, ist jedoch sehr gut verträglich und problemlos zu pflegen.*

Brachypelma boehmi

Kann eine Körperlänge von etwa sieben Zentimetern erreichen und ist sehr auffällig gefärbt. Betrachten Sie einmal diese schöne Vogelspinne und wenn Sie dann bedenken, daß diese mexikanische Vogelspinne nur sehr geringe Ansprüche an die Terrariumhaltung stellt, werden Sie verstehen, daß Sie bei Liebhabern sehr gesucht ist. Sie bombardiert bei Störungen schon sehr schnell und Allergiker müssen hier unbedingt aufpassen.

Brachypelma emilia
Bewohnt Höhlen, in welche sie sich tief eingräbt. Im Terrarium kann dieser Angewohnheit Rechnung getragen werden durch einen entsprechend hohen Bodengrund und durch Versteckmöglichkeiten wie Steine, halbierte Blumentöpfe oder Korkrindenstücke.

Brachypelma emilia
Stammt aus Mexiko und Panama und gehört zu den auffällig gezeichneten Vogelspinnen mit schöner Färbung. Die Brauntöne variieren etwas je nach Herkunft, Geschlecht und Alter.

Brachypelma smithi
Ist wahrscheinlich die bekannteste Vogelspinne und obwohl sie ein wirklich ruhiges Wesen hat, wird sie immer gerne in Filmen als gefährliche und hochgiftige Vogelspinne benutzt. Für diese Art wurde schon bald eine Cites-Bescheinigung notwendig, doch inzwischen trifft dies ja auf alle Brachypelma-*Arten zu. Achten Sie also beim Kauf unbedingt darauf, daß Sie für jede Vogelspinne der Gattung* Brachypelma *eine solche Cites-Bescheinigung bekommen. Der Bestand im Terrarium gilt als gesichert, denn diese Art wurde schon sehr häufig nachgezüchtet. Sie stammt aus Mexiko und ist dort weit verbreitet.*

Brachypelma vagans
Ebenfalls eine bodenbewohnende Art, die durch ihre intensive dunkle, fast schwarze Grundfärbung auffällt. Bei genauer Betrachtung entdeckt man auf dem hinteren Körperteil einzelne rote Haare, die ihr ein interessantes Aussehen verleihen. Ihre Nachzucht ist sehr einfach und mehrere hundert Jungtiere sind der Lohn des Zuchtbemühens. Da sie sehr leicht und in großen Mengen nachzüchtbar ist, zählt sie zu den preiswerten Vogelspinnen und gleichzeitig zu den typischen Anfängerspinnen.

Grammostola-Arten

Die Arten der Gattung *Grammostola* zählen ebenfalls zu den ruhigeren Vogelspinnen und sind sehr empfehlenswerte Pfleglinge. Ihre Durchschnittsgröße im Erwachsenenalter liegt bei etwa sechs bis sieben Zentimetern und meist bereiten Sie auch bei der Zucht keine Probleme. Sie zählen zu den bodenbewohnenden Arten und bauen sich entsprechende Wohnhöhlen. Dieser Lebensgewohnheit ist bei der Einrichtung des Terrariums Rechnung zu tragen. Bei bodenbewohnenden Arten sollte der Bodengrund entsprechend hoch angeboten werden. Die Männchen werden mit etwa zwei Jahren geschlechtsreif und schreiten dann problemlos zur Verpaarung mit den Weibchen, die ein Alter von über zehn Jahren erreichen können.

Grammostola grossa
Ist eine friedliche Art mit dunkler, fast schwarzer Grundfärbung und einer braunen Behaarung. Das hier abgebildete Weibchen ist schon älter und hat bereits das stolze Alter von acht Jahren erreicht.

Grammostola pulchra
Ist intensiv schwarz gezeichnet und trägt feine glänzende Körperhaare, die je nach Lichteinfall, einen rötlichen Ton zeigen können. Auch sie ist eine friedliche Vogelspinne, die für den Neueinsteiger in dieses Hobby gut geeignet ist. Bei einer Verpaarung kommt es zur Geburt von vielen Hundert Jungspinnen, was für den Pfleger sicherlich ein Problem bedeuten kann, besonders dann, wenn die Jungspinnen voneinander getrennt werden müssen. Viele Terrarianer benutzen dann als erste Jungspinnenwohnung eine kleine Filmdose aus Kunststoff. Grammostola pulchra *liebt ein relativ feuchtes Bodensubstrat, da sie in der Regel im feuchtwarmen Waldgebiet Brasiliens vorkommt.*

Grammostola spatulata
Stammt aus Chile und darf deshalb auch nicht zu feucht gehältert werden. Sie läßt sich ebenfalls leicht nachzüchten und auch hier kommen bei einer gelungenen Nachzucht mehrere Hundert Jungtiere zum Schlüpfen. Grammostola spatulata *ist sehr friedlich und so macht es keine Schwierigkeiten, sie mit entsprechend ruhiger Hand zu handhaben. Dies sorgte auch dafür, daß sie schnell zur typischen Anfängerspinne erklärt wurde. Ihre gleichmäßig braune Grundfärbung ist zwar nicht sonderlich aufregend, doch insgesamt gesehen, ist sie doch ein interessanter Vertreter der Vogelspinnen.*

Pamphobeteus-Arten

Die Vogelspinnen der Gattung *Pamphobeteus* gehören zu den größeren Arten unter den Vogelspinnen, denn sie erreichen eine Körpergröße von etwa neun bis zehn Zentimetern. Damit gehören Sie auch zu den größten Vogelspinnenarten dieser Welt. Entsprechend ihrer Größe müssen diese bodenbewohnenden Arten auch eine größere Grundfläche in ihrem Terrarium angeboten bekommen. Es handelt ist um lebhafte Vogelspinnen, die teils aggressiv sind und somit eher dem erfahrenen Vogelspinnenhalter empfohlen werden können. Durch ihre Größe und interessante Färbung zählen sie zu den schönsten und auffälligsten Vogelspinnen und sind deshalb auch bei Terrarianern sehr begehrt.

Pamphobeteus antinous
Ist eine intensiv schwarz gefärbte Spinne, die einen leicht metallischen Schimmer zeigt. Bei der Pflege ist sie mehr oder weniger problemlos, wobei eine gewisse Aggressivität jedoch nicht zu verleugnen ist.

Pamphobeteus nigricolor
Besticht ebenfalls durch ihre Größe und die intensive Schwarzfärbung. Sie liebt Versteckplätze hinter Korkrindenstücken oder Baumwurzeln.

Hier handelt es sich um die gleiche Vogelspinne, Pamphobeteus nigricolor, *mit einem größeren Einblick in das eingerichtete Terrarium. Wie Sie sehen können, ist es durchaus möglich, Pflanzen in ein Vogelspinnenterrarium einzubauen. Auch das Anbieten von Trinkschalen mit Wasser sollte üblich sein, denn Vogelspinnen benötigen selbstverständlich Frischwasser.*

Pamphobeteus ultramarinus
Dieses Männchen von Pamphobeteus ultramarinus *zeigt eine schöne intensive rötliche Färbung, die sehr eindrucksvoll ist.*

Pamphobeteus platyomma
Hier handelt es sich um ein Weibchen von Pamphobeteus platyomma, *welches ein sehr großes Hinterteil besitzt. Die helle Färbung kombiniert sich sehr schön mit der dunkelbraunen Färbung, so daß die Zeichnung dieser Vogelspinne durchaus als interessant eingestuft werden kann.*

Pamphobeteus ultramarinus
Dieses Weibchen von Pamphobeteus ultramarinus *ist wesentlich gleichförmiger gezeichnet als das Männchen.*

Pamphobeteus wallaci
Ist eine sehr beeindruckende Vogelspinne, vor allem dann, wenn sie sich in ihrer ganzen Körpergröße im Terrarium aufrichtet und eine Abwehrreaktion zeigt.

Pamphobeteus spec.
Wenn Vogelspinnenarten nicht näher bezeichnet werden können, dann werden sie unter der Bezeichnung spec. gehandelt. Hier handelt es sich um eine sogenannte Pamphobeteus *spec. und zwar um ein sehr interessant gefärbtes Männchen.*

Auch dieses Pamphobeteus *spec. Weibchen ist so attraktiv gefärbt, daß wohl jeder Vogelspinnenliebhaber es gerne besitzen würde. Auf dem Hinterleib ist schon ein Teil der Körperhaare abgeschabt worden.*

Ein gestreiftes Weibchen von Pamphobeteus *spec. mit sehr interessanten Streifenmarkierungen auf den Beinen.*

Als Pamphobeteus *spec. Peru wurde dieses Tier angeboten, was bedeuten soll, daß es aus Peru importiert wurde.*

SKORPIONE

Skorpione haben schon immer den Menschen fasziniert. Von Skorpionen geht etwas Unheimliches aus, denn jedermann weiß, daß Skorpione giftig sind. Wer kennt sie nicht, die Filme, in deren Handlung ein Mensch in der Wüste von einem Skorpion gestochen wird und qualvoll stirbt. Selbstverständlich wurde über Skorpione schon sehr viel falsches berichtet. Von fast 1.500 Skorpionarten sind nur etwa 50 für den Menschen gefährlich und solche gefährlichen Skorpione sollten niemals in einem Terrarium gepflegt werden.

Skorpione gehören ebenfalls zu den Gliederfüßern und bewohnen vornehmlich die tropischen und subtropischen Bereiche der Erde, jedoch sind sie auch in den gemäßigten Zonen Europas anzutreffen und so seltsam es klingt, sind in unserem Nachbarland Österreich und in Norditalien Skorpionkolonien heimisch.

Skorpione sind meist nachtaktiv und dies macht sie für viele Terrarianer nicht gerade attraktiv. Außerdem leben sie sehr zurückgezogen und sind somit nur schwer zu beobachten. Dennoch gibt es eine große Fangemeinde für Skorpione. Was reizt diese Menschen jetzt an Skorpionen? Skorpione sind zweifellos interessante Wesen und weshalb sollte man sie nicht studieren. Oft sind es Vogelspinnenliebhaber, die neben ihren Vogelspinnen noch einige Skorpione pflegen wollen. Der meist gepflegte Skorpion ist *Pandinus imperator.*

Leider werden auch die Lebensräume der Skorpione immer mehr von der sich ausbreitenden Zivilisation in Mitleidenschaft gezogen und so ist es vielleicht ganz gut, daß einige Terrarianer sich mit der Pflege von Skorpionen befassen, denn eines Tages werden sie wohl zu den bedrohten Tierarten zählen.

Skorpione und deren Vorfahren leben bereits seit Millionen von Jahren auf der Erde, denn dies wird durch etliche Funde von Fossilenüberresten bekräftigt. Einige der jüngeren Fossilenfunde haben gezeigt, daß Skorpione erstaunlicherweise in der Lage waren, Katastrophen wie Feuer, Überschwemmungen und Erdbeben zu überleben. Bedenkt man, daß Skorpione teils in extremen Umgebungstemperaturen überleben können, so ist dies gut verständlich.

Skorpione haben über viele Jahre hinweg bewiesen, daß sie selbst in für das menschliche Empfinden lebensunfreundlichen und sogar lebensfeindlichen Gebieten gut überleben können. Ihre Vorfahren gehören zu den ersten Lebewesen, die vor etwa 500 Millionen Jahren das trockene Land als

Dieser Wüstenskorpion besitzt nur kleine Scheren, aber einen kräftigen Schwanz mit einer großen Giftdrüse, was darauf schließen läßt, daß es sich um einen stark giftigen Artgenossen handelt.

Pandinus imperator *ist wahrscheinlich der am meisten gepflegte Skorpion in unseren Terrarien. Er ist der ideale Anfängerskorpion und deshalb auch so bekannt.*

Lebensraum eroberten. Obwohl ihre Vorfahren eigentlich Meeresbewohner waren und in ihrer Unterwasserwelt ein ausgesprochen erfolgreiches Dasein führten, nahm ihre Landeroberung und ihre Ausbreitung ins Landesinnere einen schnellen Verlauf. Sie wurden so zu den Vorreitern unserer heute lebenden modernen Skorpione. Die Tatsache, daß diese Tiere auch in unserer Zeit noch ein vergleichsweise prähistorisches Aussehen zeigen, ist ein Ergebnis ihrer Entwicklungsgeschichte und macht sie vielleicht besonders interessant für den Liebhaber.

Skorpione werden oftmals als reine Wüstenbewohner betrachtet und während das in einigen Fällen auch den Tatsachen entspricht, ist diese Aussage für die in Regenwäldern und kühleren mediteranen Gebieten lebenden Arten ganz und gar nicht zutreffend. Lediglich die Arktis und die Antarktis scheinen von Skorpionen nicht besiedelt zu sein. Auch die andere Verallgemeinerung, daß Skorpione generell zu mehreren in sozialen Gemeinschaften leben, trifft ebenfalls nur auf einige Arten zu. Genau betrachtet gibt es sehr viele Arten, deren

Vertreter man als Einzelgänger bezeichnen muß und die nur während der Paarungszeit zusammen kommen. Dieses Phänomen kennen wir bereits von den Vogelspinnen. Aufgrund dieser Angaben kann man die natürlichen Lebensräume der Skorpione in drei wesentliche Kategorien unterteilen und daraus muß auch die entsprechende Terrarienhaltung resultieren.

1. Regenwald - Hier herrschen Temperatur von 20-25 °C mit einer relativen Luftfeuchtigkeit von 70-80 %.
2. Wüste - Hier herrschen Temperaturen zwischen 27-35 °C und die Luftfeuchtigkeit ist so gering, daß sie mit 0 % angegeben werden kann.
3. Mittelmeerklimate - Temperaturen um 22 °C bei einer relativen Luftfeuchtigkeit von 50-60 %.

In all diesen Lebensräumen stellen die hier angegebenen Temperaturen und Luftfeuchtigkeitswerte nur Mittelwerte dar, die je nach Region noch variieren können. Je nach Herkunft des Skorpions, welchen Sie in Ihrem Terrarium pflegen wollen, sollten Sie die entsprechenden Temperatur- und Feuchtigkeitsangaben als Mittelwert einhalten.
Diese drei Grundunterteilungen zeigen deutlich die unterschiedlichen Bedingungen in den Klimazonen, die von Skorpionen in der Natur bewohnt werden. Sie stellen gleichzeitig die idealen Haltungsbedingungen für eine erfolgreiche Pflege dieser Tiere im Terrarium dar.

Telyphonus caudatus *gehört nicht zu den Skorpionen, sondern zu den Geißelskorpionen, die keinen Giftstachel besitzen. Obwohl sie nicht zu den echten Skorpionen gehören, sind sie doch eine interessante Bereicherung für ein Terrarium.*
Foto: Dr. J. Schmidt.

Das richtige Terrarium

Für jeden Tierpfleger sollte vor dem Kauf von Tieren abgeklärt worden sein, ob es Ihm möglich ist, diese Tiere auch optimal zu pflegen. Bedenken Sie bitte, daß speziell Terrarientiere ihrem Pfleger völlig ausgeliefert sind und auch teilweise ein langes Leben besitzen. So benötigen Skorpione zum Beispiel je nach Art ein bis fünf Jahre, um zu einem geschlechtsreifen Tier auszuwachsen.

Ideal wäre es, wenn Sie Ihren Skorpionen soviel Platz anbieten könnten, daß die Möglichkeit besteht, ein optisch schön eingerichtetes Terrarium bereitzustellen. Leider neigen viele Terrarianer wie auch Reptilien- und Amphibienhalter dazu, bei einer Pflege von größeren Beständen an Skorpionen eine sogenannte Sterilhaltung vorzusehen. Diese Sterilhaltung sieht dann meist so aus, daß statt einzelnen Glasterrarien eine Ansammlung von Plastikschachteln zu sehen ist. Dies mag zwar platzsparend und effektiv sein, jedoch ist dies nicht gerade attraktiv. Ein Vollglasterrarium oder zur Not auch eines aus Plexiglas sind bestimmt besser geeignet, wobei dem Glasterrarium der Vorzug gegeben werden sollte. Der Grund dafür ist, daß Glas bei weitem nicht so schnell zerkratzt und unansehnlich wird. Doch letztlich bleibt die Entscheidung, welches Terrarium für die Pflege von Skorpionen eingesetzt werden soll, dem persönlichen Geschmack des Pflegers überlassen.

Glasterrarien werden in den meisten Zoofachgeschäften in vielen verschiedenen Größen, Formen und Preisklassen angeboten, so daß hier jeder Terrarianer fündig werden kann. Wer sich etwas Mühe mit der Einrichtung macht, kann einen sehr schönen Biotop für den Skorpion nachbilden. Skorpione sind ausnahmslos Bodenbewohner und deshalb müssen Terrarien für sie nicht allzu hoch sein.

Im Fachgeschäft finden Sie neben dem geeigneten Terrarium auch das entsprechende Zubehör und dies beginnt bereits beim geeigneten Substrat. Doch auch Heizkabel, Heizmatten und Einrichtungsgegenstände wie spezielle Steine, Höhlen, Holz und sonstiges kann dort erstanden werden. Das Angebot ist sehr groß und bei der Auswahl kann es deshalb schon Schwierigkeiten geben. Sie müssen sich hier einfach beraten lassen. Alleine die Auswahl der richtigen Heizquelle und des dazugehörigen Thermostats kann schon eine schwierige Aufgabe sein.

Bei der richtigen Heizung kommen eigentlich nur geeignete Heizkabel oder Heizmatten oder ein lichtloser Heizstrahler in Betracht.

Bei einer ausreichenden Terrarienhöhe und der Haltung sogenannter reiner Bodenbewohner, könnte durchaus auf eine Abdeckung verzichtet werden, wenn da nicht drei Komponenten zu erwähnen wären, die

Ein Skorpionterrarium muß nicht immer sehr trostlos aussehen, denn mit etwas Fantasie und Mühe kann man es auch einmal so interessant gestalten, wie dieses Terrarium, welches durch die Steinaufbauten und Wurzelverstecke interessant aussieht.

bedacht werden müssen. Zum einen ist die Installation einer Heizquelle von oben mit Hilfe einer Abdeckung einfacher, als ohne Abdeckung. Zum anderen wird aus einem Terrarium ohne Abdeckung die Wärme und Luftfeuchtigkeit schnell entweichen, so daß die Erhaltung der optimalen Klimabedingungen zu einem Problem, wenn nicht gar unmöglich wird. Bei einem geschlossenen Regenwaldterrarium ist es dagegen sehr schnell möglich, daß ein zu feuchtes und zu warmes Klima entsteht, da eine entsprechende Luftzirkulation fehlt. Hier wäre der ideale Nährboden für alle möglichen Parasiten und Bakterien geschaffen worden. Eine Abdeckung muß deshalb stets so konstruiert werden, daß ein Luftaustausch gewährleistet ist, ohne daß dabei zuviel Wärme und Feuchtigkeit verloren gehen. Bei einer Vollabdeckung müssen deshalb in wenigstens zwei Terrarienseiten ausbruchssichere Lüftungsflächen aus rostfreiem Gewebe vorhanden sein. Diese Öffnungen dürfen sich aber nicht genau gegenüber liegen, da es sonst zu einem Durchzug kommen kann. Zugluft ist für jedes Terrarientier Gift. Der dritte und wichtigste Faktor ist jedoch, daß Skorpione selbstverständlich gut klettern können, obwohl sie Bodenbewohner sind und es ist durchaus denkbar, daß es ihnen gelingt, auch Glaswände hinaufzuklettern. Sie können ein Terrarium mit einem Gifttier niemals ohne sicheren Verschluß aufstellen. Aus diesem Grund ist auf eine festsitzende, verschließbare Abdeckung nicht zu verzichten. Skorpione besitzen extrem kräftige Schwänze und können mit diesem ohne weiteres Glasscheiben anheben oder wegschieben. Ein Skorpion wird immer eine Möglichkeit finden, ein nicht richtig gesichertes Terrarium zu verlassen. Als verantwortungsvoller Pfleger müssen Sie hier sehr sorgfältig planen.

Ein aus einem Terrarium ausgebrochener Skorpion ist kein Anlaß zur Freude, denn diese Tiere können sehr schnell rennen und sie verkriechen sich in unzugänglichen dunklen Ecken und sind dann nur schwer oder überhaupt nicht mehr zu finden. Ein frei herumlaufender Skorpion stellt immer eine potentielle Gefahr für die Bewohner eines Hauses dar.

Das Regenwaldterrarium

Das geeignete Bodensubstrat für ein Regenwaldterrarium ist leicht angefeuchtetes Vermiculit, Torf oder eine Mischung aus beiden Materialien. Bei der Verwendung von Torf gibt es eigentlich keine Einwände, dagegen muß zum Thema Vermiculit als Substrat zumindest gesagt werden, daß nicht alle Skorpione dieses Material mögen, denn es hat für die Tiere die unangenehme Eigenschaft, an den feinen Härchen der Beine und der Körperunterseite haften zu bleiben. Außerdem bildet es keine feste Oberfläche und die Tiere sinken leichter mit ihren Beinen beim Laufen etwas ein. In solchen Fällen ist zu beobachten, daß die Skorpione ständig ihre Beine schütteln, um sich der hängengebliebenen Partikel zu entledigen. Dies ist ein deutliches Zeichen von Unbehagen und deshalb sollte man vermeiden, zu feines Vermiculit zu verwenden. Auch ist es für die Tiere schwieriger, sich in diesem Material einzugraben. Eine Wohnhöhle läßt sich ebenfalls nicht in diesem Material bauen. Die bessere Lösung scheint also für ein Regenwaldterrarium Torf zu sein. Dieser Torf kann mit ungedüngter Blumen- oder Gartenerde sowie etwas Fallaub und Rindenmulch vermischt werden. Torf alleine zu verwenden ist nicht so günstig, da er die Feuchtigkeit zu unregelmäßig speichert. Eine Schimmelbildung auf der Substratoberfläche ist zu vermeiden und falls Sie eine Schimmelbildung feststellen, sollten Sie den Bodengrund total austauschen.

Eine Beleuchtung des Terrariums ist nicht unbedingt notwendig und im Fall von Skorpionen auch nicht unbedingt zu empfehlen. Aber auf eine Beheizung, besonders während der kühlen Monate, wird man nicht verzichten können. Terrarianer, welche mehrere Tiere und vielleicht auch Vogelspinnen pflegen, greifen sicherlich auf eine Raumheizung zurück. Dies bedeutet, daß die einzelnen Terrarien nicht geheizt werden, dafür aber der Raum auf etwa 20-25°C aufgeheizt werden muß. Am einfachsten kann dies mit einer Zentralheizung erreicht werden. Eine Absenkung während der Nacht ist nicht problematisch, da dies in der Natur ja ebenfalls geschieht.

In einem Regenwaldterrarium wachsen selbstverständlich lebende Pflanzen, denn dort herrschen tropische Temperaturen bei hoher Luftfeuchtigkeit.

Heizkabel sind zum Beheizen eines Skorpionterrariums, nicht gut geeignet, denn Skorpione graben sich sehr gerne in ihr Bodensubstrat ein und zwar tun sie dies nicht, um sich in erster Linie zu verstecken, sondern vielmehr, um den hohen Temperaturen an der Oberfläche zu entgehen. Auch in der Wüste ist es so, daß bei hohen Oberflächentemperaturen in den tiefer gelegenen Erdschichten kühlere Temperaturen vorherrschen. Im Falle einer Kabelheizung würde diese Heizungsart dem natürlichen Verhalten entgegenwirken. Beim Einsatz einer Heizmatte tritt das gleiche Problem auf und es ist unbedingt darauf zu achten, daß nur etwa die Hälfte des Terrariums von unten beheizt wird, so daß der Skorpion die Möglichkeit hat, sich in die andere Terrarienhälfte zurückzuziehen und dort einzugraben. Die günstigere Wärmequelle ist die von oben, wie dies zum Beispiel mit einem Keramikheizer (Elstein-Heizer) erreicht werden kann. Unbedingt ist beim Anbringen einer Wärmequelle im Terrarium darauf zu achten, daß der Abstand zwischen Heizer und Bodengrund groß genug ist. Es muß jegliche Verbrennungsgefahr für das Tier ausgeschlossen werden. Die individuellen Temperatur-, Feuchtigkeits- und Platzansprüche hängen direkt von der zu pflegenden Art, deren Körperlänge und Bewegungsdrang, sowie von den herrschenden Bedingungen in ihrem natürlichen Lebensraum ab.

Das Wüstenterrarium

Für die Wüstenbewohner unter den Skorpionen empfiehlt sich als Bodensubstrat am besten eine etwa 10cm hohe Sandschicht. Sehr gut geeignet ist feiner Vogelsand, wie er in jedem Zoofachgeschäft erhältlich ist. Der Vorteil dieses Vogelsands liegt in seiner Reinheit, wohingegen in aus der Natur entnommenen oder im Bauhandel angebo-

Ein Wüstenterrarium muß wegen der tagsüber herrschenden Hitze unbedingt Versteckplätze für die nachtaktiven Skorpione aufweisen.

tenen Sandarten in den allermeisten Fällen Verunreinigungen unbekannter Herkunft und Art enthalten sein können. Keinesfalls dürfen chemisch vorbehandelte Sandsorten verwendet werden. Im Aquarienfachhandel gibt es feinen Flußsand zu kaufen, der ebenfalls empfehlenswert ist, jedoch muß er gründlich ausgekocht und ausgespült werden. Auch wenn der Sand manchmal optisch sehr sauber aussieht, dann heißt es noch lange nicht, daß dem auch so ist und schnell hat man sich irgendwelche Krankheiten ins Terrarium eingeschleppt, die man nur schwer wieder los wird. Allerdings ist dieser Aquariensand sehr gut geeignet zum Graben und zum Bauen von Wohnhöhlen.

Opistophthalmus latimanus *ist ein sehr großer Skorpion, der auch in dicht besiedelten Gebieten anzutreffen ist. Gerne nimmt er den Unterschlupf unter einer halbierten Korkröhre an.*

Wüstenbewohnende Skorpione müssen unbedingt einen schützenden Unterschlupf vor dem Tageslicht finden. In der Natur verkriechen sie sich beispielsweise unter einem ausgehöhlten Stein oder in einer kleinen Höhle. Im Terrarium können Sie entsprechende Steine anbieten, oder der Einfachheit halber einen halbierten, umgedrehten Blumentopf verwenden. Weitere gute Lösungen sind aber auch bizarre Holzstücke, wie sie im Fachhandel speziell für die Aquarieneinrichtung angeboten werden. Obwohl Wüstenskorpione aus sehr trockenen und heißen Gebieten stammen, müssen sie in der Terrarienhaltung doch einen Wassernapf vorfinden, damit sie sich wohlfühlen.

Auch beim Wüstenterrarium für Skorpione kann auf eine Beleuchtung verzichtet werden. Da der

Skorpion jedoch relativ hohe Temperaturen fordert, ist eine Heizung meist unverzichtbar, wenn ein typisches Wüstenbiotop aufgebaut werden soll. Für die Art der Heizquelle, deren Installation und Betreibung gilt das bereits für das Regenwaldterrarium Gesagte. Wird die Heizquelle über dem Sand angebracht, so ist unbedingt darauf zu achten, daß der Abstand groß genug ist, so daß keine Verbrennungsgefahr gegeben ist.
In den meisten Wüstenregionen ist Luftfeuchtigkeit völlig unnatürlich. Deshalb benötigt ein Wüstenterrarium für Skorpione auch keinerlei zusätzliches Wasser, außer dem Trinknapf. Wasser im Terrarium zu versprühen, wäre also unsinnig. Im Gegenteil käme es bei zu hoher Luftfeuchtigkeit und ungenügender Heizung schnell zu gesundheitlichen Problemen. Stammen die Skorpione dagegen aus küstennahen Sand- und Steinwüsten, so kann es durchaus günstig sein, ab und zu etwas Luftfeuchtigkeit zu erzeugen, jedoch müßte man sich da genau kundig machen, woher der Skopion stammt.

Das mediterrane Terrarium

Da Skorpione auch in Europa vorkommen und teilweise schon bis in die Alpenregionen vorgedrungen sind, kann es durchaus sein, daß Sie ein Terrarium anbieten müssen, welches den weniger dramatischen Klimaten des Mittelmeers entgegenkommt. Als Bodensubstrat kann hier fast alles verwendet werden und es ist günstig, wenn man einen Bodengrund auswählt, der dem natürlichen Verbreitungsgebiet der zu pflegenden Art entspricht. Sie können auch verschiedene Substratzonen aufbauen. So könnte zum Beispiel ein Terrarium eine Ecke mit Kieselsteinen, eine andere mit Sand und eine mit Erde aufweisen. Natürlich gibt es Materialien, die sich besser oder schlechter eignen. Torf, Blumenerde, sowie eine Mischung aus diesen beiden, vermischt mit zusätzlichem Laub oder Rindenmulch und Sand, sind immer als Substrat für ein mediterranes Terrarium empfehlenswert. Auch hier sollte die Substrathöhe etwa sechs bis zehn Zentimeter betragen und in jedem Fall müssen die bereits erwähnten Versteckplätze angeboten werden. In einem mediterranen Terrarium lassen sich sehr gut kleine Wurzelstücke oder Korkeichenstücke als Versteckplätze einbringen.
Die verlangte Luftfeuchtigkeit bei diesen Terrarien ist bei weitem nicht so hoch, wie in einem Regenwaldterrarium, jedoch sollte auch hier etwas *Sphagnummoos* nicht fehlen, welches gelegentlich mit etwas Wasser besprüht wird.
Im Gegensatz zu den gerne grabenden Vogelspinnen verwüsten Skorpione ihre Einrichtung im Terrarium nur in den seltensten Fällen. Deshalb können auch in einem Mittelmeerraum-Terrarium lebende Pflanzen eingebracht werden. Geben Sie hierbei kleinen Farnen den Vorzug vor Blütenpflanzen. Achten Sie aber unbedingt darauf, daß die Pflanzen garantiert frei von Parasiten, wie zum Beispiel Milben sind, die sich nur allzu gerne in einem feuchtwarmen Terrarium festsetzen und dort auch kräftig vermehren. Unter gar keinen Umständen dürfen Pflanzen mit harten Stacheln oder Dornen verwendet werden, auch wenn es noch so schön aussehen würde, einmal einen stacheligen Kaktus in ein Skorpionterrarium einzubauen.
Die Skorpione aus Mittelmeerklimaten stammen genauso wie die Regenwaldskorpione überwiegend aus Gebieten mit starker Vegetation. Deshalb dient ein bepflanztes Terrarium nicht nur dem Anblick durch den Terrarianer, sondern auch dem Wohlbefinden der Tiere. Vergessen Sie auch hier nicht den bereits erwähnten Wassernapf und schon haben Sie ein bezugsfertiges, schönes Terrarium.
Leider pflegen viel zu viele Skorpionliebhaber ihre Skorpione inzwischen in einfachen Plastikdosen und versäumen dadurch sehr viel von der Faszination ihrer Pfleglinge.
Obwohl in dieses Terrarium lebende Pflanzen eingesetzt werden, ist auch bei diesem Typ keine Beleuchtung erforderlich. Die für unsere Zwecke geeigneten Pflanzen sind ebenfalls wie die Skorpione mit dem normalen Zimmerlicht zufrieden, das ihnen tagsüber zur Verfügung steht. Reine Grün-

oder Blattpflanzen stellen oftmals keine so großen Lichtansprüche wie Blütenpflanzen, was ganz besonders auf Farne zutrifft, die sowieso etwas lichtscheu sind. Bedenken Sie nur einmal, wie wenig Licht in unseren heimischen Wäldern am Boden vorherrscht und dort entwickeln sich die Farne am besten. Die verlangte Temperatur von etwa 20-22°C wird in den meisten Fällen durch die Raumtemperatur gewährleistet, weshalb hier auf den Einsatz einer Heizung meist verzichtet werden kann. Selbst in den kalten Wintermonaten wird in einem zentralgeheizten Raum keine Zusatzheizung nötig sein. Würde die Temperatur unter ungünstigen Umständen dennoch über längere Zeit unter 20 °C sinken, kann man sich mit einer kleinen Tischlampe oder einer roten Glühbirne behelfen. Dabei ist jedoch die regelmäßige Temperaturkontrolle sicherzustellen, damit sich das Terrarium nicht übermäßig und unkontrolliert aufheizt. Die richtige Art des Terrarientyps ist selbstverständlich in erster Linie von den Ansprüchen der zu pflegenden Skorpionart abhängig. Jedoch sollte in jedem Fall darauf geachtet werden, daß mit der Substratmenge nicht gegeizt wird. Alle Skorpione graben gerne und viel und die Möglichkeit, sich in ihrem Bodengrund einzugraben, ist für ihr Wohlbefinden unverzichtbar. Eine zu flache Substratschicht ist dem abträglich. Somit sind die drei Grundtypen von Skorpionterrarien abgehandelt worden. Nun müssen Sie nur noch Sorge tragen, daß der richtige Skorpion im richtigen Terrarium gepflegt wird und dann kann fast nichts mehr schief gehen.

Auch in einem Terrarium für Skorpione aus dem Mittelmeerraum können Pflanzen und Äste, sowie Steinaufbauten ein schönes und nützliches Beiwerk sein. Gerade Skorpione neigen nicht dazu, die Terrarieneinrichtung zu zerstören oder umzubauen, deshalb können sich hier lebende Pflanzen gut entwickeln.

Richtige Ernährung von Skorpionen

Die großen zangenartigen Gliedmaßen sind bei allen Skorpionen vorhanden und werden als Pedipalpen oder Scheren bezeichnet. Diese Scheren haben mehrere Funktionen. Eine dieser Funktionen ist, daß sie den Tieren bei der Wasseraufnahme behilflich sind. Dazu benutzen die Skorpione ihre Scheren, wie einen Spaten oder Löffel, weshalb der Wassernapf dem Trinkverhalten angepaßt sein muß. Mit anderen Worten heißt das, er muß groß und tief genug sein, um die Schere ungehindert eintauchen und Wasser herausschöpfen zu können. Andererseits darf das Gefäß nicht zu groß und tief sein, daß der Skorpion darin ertrinken könnte.

Wählen sie also ein geeignetes flaches Gefäß aus, welches den Körperproportionen Ihres Skorpions entspricht.

In der Natur ist die Futterliste für Skorpione fast endlos. Sie werden alles fressen, was sie irgendwie erreichen und handhaben können. So gehören Frösche, kleine Eidechsen, Spinnen, Mäuse, Heuschrecken und andere Kleintiere auf ihren Speiseplan. Doch dies ist in der rauhen Natur so, wo nicht immer genügend Futter zur Verfügung steht und der tägliche Überlebenskampf gewaltig ist.

Bei der Terrarienhaltung sieht es mit der Ernährung sofort etwas anders aus. Tatsache ist jedoch, daß Skorpione neben der Flüssigkeit, die nie vergessen werden darf, eine geeignete Nahrung benötigen. Sie sind im wahrsten Sinne des Wortes gierige Fresser und können sich sehr schnell bis zum „Platzen" vollfressen und dies ist zu vermeiden. Es darf deshalb nur soviel Futter angeboten werden, wie das Tier auch umgehend bewältigen kann. Alle Futtertiere müssen lebend angeboten werden. Ein großer Skorpion sollte beispielsweise pro Fütterung nur zwei große Grillen erhalten. Die meisten Terrarianer füttern ihre Skorpione und Vogelspinnen nur einmal wöchentlich.

Die meisten Skorpione ernähren sich von größeren Insekten und deshalb macht es im Terrarium keine großen Probleme, sie mit Grillen oder Heuschrecken zu versorgen. Ganz von der Größe der Skorpionart abhängig, sind die kleineren, weicheren, braunen Steppengrillen, sowie Heimchen oder die größeren und härteren, schwarzen Zweifleckgrillen bestens geeignet. Diese Heuschrecken und Grillen sind in verschiedenen Wachstumsstadien und Mengen im spezialisierten Zoofachhandel oder im Futtertier-Versandhandel erhältlich. Allerdings könnten Sie auch bei entsprechender Terrarienanzahl darüber nachdenken, diese Futtertiere selbst zu züchten. Zuchtansätze sind ebenfalls im Fachhandel erhältlich. Beim Verfüttern oder der Zucht von Heimchen sollten Sie allerdings darauf achten, daß diese sehr gute Springer sind und außerdem, was das Ausbrechen angeht, geradezu Künstler sind. Sie vermehren sich im Gegensatz zu den anderen Arten bei normaler Zimmertemperatur und in einem Mietshaus kann es schnell zu einer unerwünschten Heimchenplage kommen, die für keinen der Bewohner zum Vergnügen werden wird. Bei den anderen Arten gibt es diesbezüglich keine Probleme, denn Sie benötigen höhere Temperaturen und auch eine erhöhte Luftfeuchtigkeit, um sich erfolgreich vermehren zu können. Obwohl die Zucht von Heuschrecken nicht ganz so einfach ist, wie die von Grillen, kann man sie dennoch versuchen. Lohnen wird sich das allerdings nur, wenn man sich ausschließlich mit großen Skorpionen beschäftigt und davon auch einen entsprechend

Skorpione fressen lebende Futtertiere, die sie sich im Fachhandel besorgen können. Eine Zucht von Futtertieren aufzubauen, ist sehr schwierig und es ist günstiger, wenn Sie dies dem dafür eingerichteten Fachmann überlassen.

großen Bestand besitzt. Bei wenigen Pfleglingen empfiehlt sich unbedingt der Kauf im Zoofachhandel oder im Futterversandhandel. Bei letzterem kann man seine Futtertiere auch im Abonnement auf dem Postweg beziehen. Aus dem Zoofachhandel oder dem Futtertierhandel bezogene Futterinsekten sind gewöhnlich in kleinen Plastikbehältern verpackt. Um sie am Leben zu erhalten, ist es günstig, sie in einen größeren Behälter aus Glas oder Plastik umzusetzen. Der Deckel dieses Behälters muß mit vielen kleinen Lüftungslöchern versehen sein. Natürlich kann eine Aluminium- oder Nylongaze darübergezogen werden. Als Bodensubstrat für die Futtertiere kann eine dünne Lage feiner Hobelspäne verwendet werden. Jedoch kann man auch Hundeflocken, Haferflocken oder Kleieflocken einstreuen, denn dann dient das Bodensubstrat gleichzeitig als gehaltvolle Nahrung. Neben einem sehr flachen Wassernapf oder einem nassen Stück Schwamm als Trinkquelle, werden noch einige Eierkartonstücke übereinander gestapelt, die den Grillen als Versteckplätze dienen. Diese Tiere sind untereinander ausgeprochen kanibalisch und dies natürlich besonders dann, wenn viele von ihnen auf kleinstem Raum untergebracht sind. Sie müssen sich voreinander verstecken können und deshalb sind die Eierkartons unbedingt hineinzulegen. Als Futter können außer den bereits erwähnten Bodensubstraten, kleine Obststücke, Hundepellets, Cornflakes, getrocknetes Brot oder ähnliches Trockenfutter verabreicht werden. Der Behälter selbst ist trocken zu halten, denn eine erhöhte Feuchtigkeit führt unweigerlich zur Bildung von Schimmel, Milben und ähnlichem Ungeziefer. Als Behälter ist ein kleines ausgediehntes Aquarium aus Glas oder Plexiglas, oder auch ein 5-Liter großer Speiseeiskontainer oder etwas Ähnliches geeignet. Der ideale Aufbewahrungsort ist ein dunkler Platz mit Zimmertemperatur.

Wer jetzt seine Grillen selbst züchten möchte, benötigt einen etwas wärmeren Standort mit etwa 27 °C und einen Eiablagebehälter. Dieser Eiablagebehälter besteht aus einem kleinen Plastikbecher, in dessen Deckel ein Gazeeinsatz eingeklebt wird. Der Behälter wird mit feuchter, ungedüngter Blumenerde bis zum Rand gefüllt und in den Grillenbehälter hineingestellt. Die Weibchen schieben nun ihre Legeröhren durch die Gaze in das Substrat und legen ihre Eier ab. Der Gazeeinsatz verhindert, daß die Grillen anschließend in die Ablagekiste eindringen und die Eier wieder auffressen. Besonders wichtig ist, daß das Zeitigungssubstrat niemals austrocknen, jedoch andererseits auch nie wirklich naß sein darf. Nach etwa zwei bis drei Wochen kann man die ersten frischgeschlüpften Mikrogrillen entdecken, woraufhin die Alttiere aus dem Behälter gesammelt und in einen zweiten, in gleicher Weise vorbereiteten Behälter, umgesetzt werden. Die Pflegeansprüche der Junggrillen entsprechen in jeder Beziehung denen der Alttiere.

Die Zucht von Heuschrecken ist dagegen schon weit schwieriger und aufwendiger und deshalb nicht unbedingt empfehlenswert. Wer sich trotzdem daran versuchen möchte, sollte sich vorher anhand von entsprechender Fachliteratur über Futtertierzuchten die benötigten Informationen beschaffen. Es sei an dieser Stelle nur erwähnt, daß bei der Heuschreckenzucht auf eine geeignete Heizung nicht verzichtet werden kann, denn diese Tiere benötigen Temperaturen zwischen 30 bis 35 °C, um erfolgreich nachgezüchtet werden zu können.

Idealerweise füttern Sie Ihre Skorpione abends, denn die nachtaktiven Tiere haben dann die ganze Nacht Zeit, die Futtertiere zu fressen. Sollte sich am nächsten Morgen ein Futtertier noch unberührt im Terrarium befinden, so ist es günstiger, wenn Sie es herausnehmen und es in der nächsten Nacht noch einmal versuchen. Wenn Ihre Skorpione nicht fressen und das Futter verweigern, dann ist meist einer der drei Gründe Schuld daran:

1. Sie sind nicht hungrig.
2. Sie sind trächtig.
3. Das Terrarium ist zu kalt.

Die ersten zwei Gründe sind nicht problematisch, aber wenn das Terrarium zu kalt ist, dann sollten Sie unbedingt sicherstellen, daß die richtige Pflegetemperatur eingestellt wird. Wenn Sie sich nicht sicher sind, dann erhöhen Sie die Temperatur im Terrarium um 2 bis 4 °C und warten Sie ab, ob das Futter jetzt angenommen wird.

AUSWAHL EINES SKORPIONS

Bei der Auswahl einer Skorpionart für die Terrarienhaltung ist stets zu bedenken, daß nur eine solche ausgewählt werden sollte, die als relativ harmlos bekannt ist. Harmlos steht in diesem Zusammenhang keinesfalls für ungiftig, denn alle Skorpione besitzen eine gefüllte Giftdrüse. Bei allen Arten dient dieses Gift zur Abwehr und zum Überwältigen von Beutetieren. Wobei die Gifte der meisten Arten für den Menschen ungefährlich sind. Die Betonung muß hier allerdings auf meisten liegen, denn diese Aussage trifft nicht auf alle Arten zu. Die Stiche einiger Arten können einen Menschen ernsthaft krank machen und es gibt auch Arten, deren Gift einen Menschen durchaus töten können. Man sollte sich keinesfalls einreden lassen, man könne den Giftstachel oder die Giftdrüse eines Skorpions entfernen und ihn zu einem harmlosen Tier machen - das geht einfach nicht.

Wenn Sie einen Skorpion auswählen, wäre es schön, wenn Sie den Gesundheitszustand des ausgwählten Tiers beurteilen könnten. Es gibt hier eine einfache Regel. Der Giftstachel, die Beine und die Scheren, sowie die beiden darunter befindlichen Taster müssen völlig intakt sein. die Taster dienen dem Tier zum Wahrnehmen von Vibrationen. Der Skorpion sollte keiner äußerlichen Verletzungen aufweisen und auch in jedem Fall aktiv sein. Ein einfacher Test, um die Lebhaftigkeit des Skorpions festzustellen, ist es, daß Sie vorsichtig mit einer Pinzette dem Skorpion zu nahe kommen. Zeigt er eine natürliche Gegenwehr, scheint es sich um ein gesundes und kräftiges Tier zu handeln. Zeigt er keinerlei Gegenwehr, lassen Sie besser die Finger von diesem Exemplar.

Ein sehr wichtiger Punkt bei der Auswahl eines Skorpions ist auch zu wissen, ob es sich bei der betreffenden Art um soziale Tiere oder Einzelgänger handelt. Da die Größe des Terrariums von der Kaufentscheidung abhängt, welche Art oder Arten man pflegen möchte, ist bereits vor dem Kauf zu klären, um was für eine Art es sich handelt. Lassen Sie sich hier vielleicht von bekannten Terrarianern oder Fachleuten beraten. Kaufen Sie jedenfalls nicht zuerst das Tier und überlegen Sie dann zu Hause, wie und wo Sie es unterbringen können. Zuerst wird das Terrarium vorbereitet und dann wird gezielt nach der ausgewählten Art gesucht. Stellen Sie sich auch vorher die Frage, weshalb Sie dieses bestimmte Tier kaufen und pflegen möchten und ob Sie in

Die Unterseite von Hadogenes *spec. aus Botswana. Diese Skorpionart ist relativ friedfertig und besitzt ein für den Menschen ungefährliches Gift. Foto: T. Ulber*

der Lage sind, dies auch für mehrere Jahre zu tun. Beschäftigen Sie sich bitte auch eingehend mit dem natürlichen Lebensraum, den Futteransprüchen und den Verhaltensweisen dieses Tiers.
Eine sehr häufig angebotene Skorpionart ist *Pandinus imperator.* Hierbei handelt es sich um eine relativ große Skorpionart mit dem Trivialnamen „Kaiserlicher Skorpi-

Hier ein Größenvergleich zwischen einem etwa fünf Jahre alten Hadogenes *spec. neben einem wenigen Monate alten Jungtier. Diese beiden Skorpione stammen aus Botswana im Süden Afrikas und wurden selbstverständlich nur zu Fotozwecken nebeneinander gesetzt. Der größere Skorpion würde seinen kleinen Artgenossen nämlich sonst als Futter betrachten. Foto: T. Ulber*

on" oder „Kaiser-Skorpion". *Pandinus imperator* stammt aus Westafrika von der Elfenbeinküste und ist auch im Senegal, in Sierra Leone und in Ghana zu Hause.
Die Art *Hadrurus arizonensis* ist ebenfalls häufiger im Angebot und wird manchmal im deutschen Handel als Großhaariger Riesen-Wüsten-Skorpion bezeichnet. Diese Skorpionart ist in Arizona in den Vereinigten Staaten beheimatet.
Die größte Skorpionart der Welt stammt vom indischen Subkontinent und trägt den wissenschaftlichen Namen *Heterometrus swammerdami* und erreicht eine Rekordlänge von knapp 25cm. Im Handel ist diese große Skorpionart jedoch nur sehr selten zu finden. Ebenfalls um die 25cm Körper-

Ein Vertreter der Gattung Hadogenes *- Felsenskorpione aus der Familie Ischnuridae, welcher in Karoo in Südafrika fotografiert wurde.*
Foto: T. Ulber

länge kann *Hadogenes troglodytes* erreichen. Hier handelt es sich um einen südsafrikanischen Felsskorpion. Öfters im Handel sind solche Felsskorpione, die dann auch mit dem deutschen Namen „Flacher Felsenskorpion" oder *Hadogenes* spec. bezeichnet werden.

Identifizierung von Skorpionen

Die Identifizierung von Skorpionen ist nicht so einfach, wie manch einer vielleicht denken mag. Oft glaubt man anhand der Farbe und Größe des Skorpions fast sicher zu sein, genau zu wissen, daß man diese oder jene Art besitzt, doch dabei handelt es sich in Wirklichkeit um eine ganz andere Art. Zeichnungen und Fotografien mögen zwar einen recht guten Eindruck vermitteln und hilfreich sein, jedoch kann man sich niemals 100%ig darauf verlassen.

Es gibt allerdings eine einfache Regel, um zumindest die gefährlichen von den harmloseren Skorpionarten unterscheiden zu können. Diese Regel lautet: Kleine schwach ausgebildete Scheren und ein dicker kräftiger Schwanz (meist mit großer Giftdrüse) bedeutet allerhöchste Vorsicht! Dies sind Angehörige der Familie Buthidae, die als ausgesprochen gefährlich eingeordnet werden muß.

Dicke, kräftige Scheren und ein dünner Schwanz (meist mit kleiner Giftdrüse) bedeutet, daß es sich um Vertreter der Familie Scorpionidae handelt und diese relativ harmlos sind. Relativ deshalb, weil bei allen Giften vier Faktoren eine große Rolle spielen: Die injizierte Menge, in welches Körperteil gestochen wurde, der gesundheitliche Allgemeinzustand des Menschen und eventuelle Eiweißallergien. Was einem gesunden, kräftigen und jungen Menschen kaum Kopfschmerzen bereitet, kann einem anfälligen, eventuell alten, schwachen oder herzkranken Menschen umbringen. Außerdem sind eventuell auftretende allergische Reaktionen auf eine Giftinjektion

Parabuthus raudus *stammt aus Südafrika. Dieses Exemplar wurde in der Süd-Kalahari (Botswana) fotografiert. Er verfügt über ein extrem potentes Gift und ist für den Menschen äußerst gefährlich.*
Foto: T. Ulber

keinesfalls zu unterschätzen. Personen, die unter Allergien leiden, sind hier besonders anfällig und dürfen keinesfalls von einem Skorpion gestochen werden.

Skorpione, die nur schwach ausgebildete, kleinere Scheren besitzen, müssen deshalb ein stärkeres Gift besitzen, weil sie kaum eine Chance haben, mit ihren schwachen Scheren ein Beutetier längere Zeit festzuhalten, bzw. gar zu töten. Sie müssen sich also ausschließlich auf die Wirksamkeit ihres Gifts verlassen. Skorpione mit kräftigen Scheren haben dagegen schon bessere Möglichkeiten, zuzupacken und ein Beutetier längere Zeit zu halten, bis das schwache Gift zu einer Lähmung geführt hat. Für Sie muß es also bedeuten, Skorpione mit kleinen, feinen Scheren und kräftig ausgebildetem Schwanz mit größter Vorsicht zu behandeln.

Jeder Skorpionpfleger muß sich auch mit der Anatomie seiner Tiere befassen und versuchen, soviel wie möglich über die Art zu lernen, welche er pflegt. Die korrekte Identifikation von Tierarten war und wird niemals eine einfache Angelegenheit sein und wie bereits erwähnt, kann man sich dabei auf die Farbe und Größe des Tiers alleine in keinem Fall verlassen.

Das Sternum - Brustbein eines Skorpions ist ein deutlicher Hinweis auf die Familienzugehörigkeit des betreffenden Tiers. Vertreter der Familie Buthidae besitzen beispielsweise generell ein dreieckiges Sternum. Die Form der Einkerbungen, die die Segmente auf der Körperunterseite abgrenzen, sowie die Lage der Trichobothrien - Tast- und Vibrationshaare sind ebenfalls beides wichtige Merkmale zur Identifikation eines Skorpions.

Weltweit sind selbstverständlich viele Skorpionarten im Handel vertreten, jedoch können Sie davon ausgehen, daß die am häufigsten gepflegten Arten wahrscheinlich *Pandinus imperator, Scorpio maurus, Heterometrus longimannus, Heterometrus spinifer* oder ein Spezie von *Hadogenes* darunter vertreten sind. *Pandinus imperator* ist genauso schwarz wie die *Heterometrus*-Arten aus Asien. Jedoch zeigt der „Kaiser" auf seinen Pedipalpen einen sehr stark ausgeprägten Schlangenhauteffekt, wohingegen die *Heterometrus*-Arten völlig glatte und glänzende Pedipalpen besitzen.

Buthus occitanus *wird gelber Skorpion genannt und hat sein Hauptverbreitungsgebiet von Israel und der Sinai-Halbinsel bis nach Marokko. Er ist alleine zu halten, da er gegenüber Artgenossen gefährlich ist. Sein Gift ist durchaus für den Menschen gefährlich.*
Foto: Dr. R. König

Die Funktion der Gliedmassen

Den Pedipalpen kommen drei wichtige, grundlegende Funktionen zu. Die erste Funktion als Löffel bei der Wasseraufnahme wurde bereits angesprochen. In zweiter Linie fungieren sie jedoch zum Beutefang und als Tötungswaffen. Skorpione fangen und halten ihre Beutetiere mit den Scheren, um sie dann zu töten. Dies geschieht auf zweierlei Weise, nämlich entweder durch eine Giftinjektion mit dem Giftstachel, welche die Beute betäubt oder tötet, oder durch das Zerquetschen oder Erdrücken mit Hilfe der Scheren. Welche dieser beiden Methoden zur Anwendung kommt, hängt zum einen von der Größe und Wehrhaftigkeit des Beutetiers und zum anderen davon ab, wie kräftig die Scheren des betreffenden Skorpions ausgebildet sind. Arten mit sehr feingliedrigen, kleinen Scheren erlegen ihre Beute fast ausschließlich durch einen Giftstich, wohingegen solche mit kräftigen großen Scheren ihr Gift aufsparen und die Beute zerquetschen oder erdrücken.

Die dritte Funktion kommt bei der Paarung zum Tragen. Hierbei werden die Pedipalpen während des Paarungstanzes in auffälliger Weise hin- und hergeschwungen und vom Männchen dazu benutzt, das Weibchen ruhigzuhalten.

Die Pectines, also die haarigen, kammartigen Sinnesorgane auf der Körperunterseite, fungieren als Tastorgane. Skorpione besitzen eine sehr unterentwickelte Sehfähigkeit, was bedeutet, daß sie sich ihren Weg ertasten müssen. Die Pectines spielen hierbei eine wirklich lebenswichtige Rolle im Dasein dieser Tiere.

Der Körper eines Skorpiones setzt sich aus zwei Hauptteilen zusammen - dem Prosoma und dem Opisthosoma. Das Prosoma ist der aus mit dem Kopfschild verschmolzenen Rumpfsegmenten bestehende Vorderkörper oder auch Kopf, der in der Mitte ein Augenpaar sowie an jeder Seite eine Augengruppe aufweist. Jedes der sieben Segmente des Mesosoma - Körper ohne Kopf und Schwanz - zeigt einen bis fünf dorsale „Kämme". Das erste der fünf Sternite - Bruchsegmente ist wesentlich schmaler als die anderen und birgt die Genitalöffnung oberhalb der Genitalfalten. Bei den Weibchen sind diese mittig miteinander verwachsen. Bei den Männchen sind sie dagegen teilweise auch oft völlig separiert.

Die Männchen können anhand von zwei Genitalpapillen - Wärzchen - die sich unterhalb der Genitalfalten befinden, von den Weibchen unterschieden werden. Allerdings benötigt man ein Mikroskop, um sie sehen zu können.

Das zweite der Ventralsternite zeigt ein schmales Schild, an welchem die kammartigen Pectines - drittes haarig-kammartiges, mit Sinneszellen besetztes, ventrales Hinterkörpersegment - sitzen. Auf der Unterseite befindet sich ein schmaler Schlitz, der die Öffnung zu den Fächerlungen (vier Paare) darstellt. Der Schwanz besteht aus fünf Segmenten und dem Giftstachel oder Gifthaken mit dem Versiculum - Giftblase. Die Giftdrüsen befinden sich an der Basis des Stachels und somit am Schwanzende.

Werbung und Paarung

Ohne Mikroskop ist die Geschlechtsbestimmung bei Skorpionen nicht ganz einfach und selbst Experten wissen sich dabei nicht anders zu helfen, als ein solches zu benutzen. Wenn wir jetzt über Werbung und Paarung berichten, gehen wir einfach mal davon aus, daß Sie der glückliche Pfleger eines Pärchens von Kaiserskorpionen sind. Während bei den Vogelspinnen der Pfleger etliche Probleme bei der Paarung hat, wenn er das Männchen zum Weibchen setzt, so ist dies bei Skorpionen wesentlich problemloser. Während Vogelspinnenweibchen ihre Männchen oft als Festmahlzeit betrachten, sind Skorpione doch wesentlich rücksichtsvoller im Umgang miteinander. Zumindest wenn es um das Werben, Paaren und den Nachwuchs geht. Selbstverständlich ist es aber nicht auszuschließen, daß ein sehr aufdringliches Männchen auch einmal von einem Skorpionweibchen abgewehrt und attakiert werden kann. Bedient sich das Weibchen dann seines Giftstachels, kann es schon zu Todesfällen kommen.

Manchmal kann die Paarung bei Skorpionen durchaus als brutale Angelegenheit betrachtet werden und interessant ist sie für den Terrarianer allemal. Skorpione korpulieren nicht im üblichen Sinne, so daß man unweigerlich den Eindruck bekommt, sie hätten sich seit vielen Millionen Jahren nicht gerade viel weiterentwickelt. Wie bei den Meerestieren meist üblich, geben die männlichen Tiere ihr Sperma in das Wasser ab und die Weibchen machen es ebenso mit ihren Eiern. Alles weitere wird dann den

Auch dieser jugoslawische Skorpion Euscorpius carpathicus *trägt seine Jungen spazieren.*
Foto: Dr. R. König

Strömungen und dem Lauf der Zeit überlassen. Hier spricht man von externer Befruchtung, also außerhalb des Körpers. Die heute lebenden Skorpione müssen sich natürlich nicht mehr ins Meer zurückbegeben, um sich zu vermehren, denn sie haben im Laufe der Entwicklung eine einfachere Methode benutzt. Sie verfügen über Spermatophoren - Samenpakete, welches gelatinöse bzw. Protein-Kapseln mit Sperma sind, die es möglich machen, das Sperma ohne die Hilfe des Wassers auf die Eier zu übertragen.

Die Paarung von Skorpionen wird oft als Paarungstanz beschrieben und tatsächlich handelt es sich um tanzartige Bewegungsabläufe, während derer sich die Tiere von einer Seite zur anderen und vorwärts wie auch rückwärts bewegen. Die Männchen benutzen dabei ihre Pedipalpen, (Scheren), um die Weibchen ruhig zu halten. Während der Werbung wird auch kräftig mit dem Schwanz gewedelt und nachdem die Werbung abgeschlossen ist, und das Weibchen sich paarungswillig zeigt, beginnt der eigentliche Paarungsakt, welcher eher einem recht brutalen Ringkampf gleicht. Während der Paarung greift das Männchen mit seinen Scheren nach denen des Weibchens und es sieht so aus, als wenn beide Hand in Hand durch das Terrarium laufen. Bei diesem typischen Tanz setzt das Männchen einen Spermatropfen ab, welcher vom Weibchen aufgenommen wird. Nach zwei bis drei Monaten, bei einigen Arten auch länger, beginnt der Hinterleib des Weibchens anzuschwellen. Im Weibchen sind durchschnittlich 200 Eizellen angelegt, doch nur etwa 30 solcher Eizellen werden zur vollständigen Entwicklung gebracht und daraus werden dann Jungtiere. Die Zahl der lebend geborenen Skorpione schwankt erheblich von Art zu Art. So gibt es Arten, die gerade ein oder zwei Jungtiere hervorbringen können. Andere Arten wiederum gebären problemlos über 30 Jungtiere. Die kleinen Skorpione werden als dünne, zarte, empfindliche, weiße Duplikate ihrer Mutter geboren. Während der ersten Wochen bleiben die jungen Skorpione ständig bei ihrer Mutter und leben auf ihrem Rücken. Dies sieht besonders interessant aus, wenn der weibliche Skorpion mit den Jungen durch das Terrarium läuft. Die jungen Skorpione benötigen noch kein Futter, denn sie ernähren sich ausschließlich von ihrem Eidottersack. Nach der ersten Häutung werden Sie bald den Rücken ihrer Mutter verlassen. Die Skorpionmutter betreut ihre Jungen und frißt sie nicht auf, sondern verteidigt sie sogar gegen Eindringlinge aller Art. Die kleinen Skorpione sind im Gegensatz zu den Vogelspinnen nicht kanibalisch veranlagt und können so problemlos auf ihrer Mutter zusammen leben. Nach der Häutung der Jungtiere ist der Stachel mit Gift geladen und jetzt können die kleinen Skorpione erstmals selbständig auf Beutefang gehen. Die meisten Skorpionarten können ein Durchschnittsalter von sechs bis acht Jahren erreichen.

Kleinere Skorpionarten, wie zum Beispiel die amerikanischen und südeuropäischen Arten, wachsen sehr schnell und können nach sechs bis acht Monaten geschlechtsreif sein. Die größeren Skorpionarten benötigen für ihre Entwicklung viel länger und erreichen ihre Geschlechtsreife teilweise erst nach zwei und mehr Jahren. In der Natur paaren sich Skorpione normalerweise im Frühling, damit die Geburt der Jungen in den heißen Sommer fällt. Im Gegensatz zu den Vogelspinnen sterben die Skorpionmännchen nach der Vereinigung mit den Weibchen nicht ab und die Weibchen fressen sie auch in der Regel nicht auf. So können Skorpionmännchen während eines Jahres mit verschiedenen Weibchen eine Begattung durchführen. Bei Skorpionarten, die untereinander als friedfertig gelten und in Gruppen sozial zusammen leben, sind auch im Terrarium bereits gelegentlich erfolgreiche Paarungen vollzogen worden. Bei Arten, die zu den Einzelgängern zählen, verlaufen die Paarungen viel aggressiver und man kann sich kaum vorstellen, wie die Tiere in der Natur ihren Fortbestand sichern können.

HANDHABUNG BEI SKORPIONEN

Wenn Sie unter Handhabung „in die Hand nehmen" verstehen, dann vergessen Sie es sofort wieder. Skorpione gehören nicht in die Hand genommen, in keinem Fall. Mag dies bei friedlichen Vogelspinnen noch durchaus der Fall sein, so gibt es hier bei Skorpionen keinerlei Grund es zu versuchen. Skorpione sind wilde Tiere und es nicht gewöhnt, von Menschenhand berührt zu werden. Wenn Sie im Rahmen Ihrer terraristischen Arbeit einen Skorpion aus dem Terrarium fangen müssen, dann tun Sie dies bitte wie bei Vogelspinnen mit Hilfe einer Kunststoffdose, die Sie über den Skorpion stülpen und dann mit einem festen Stück Karton verschließen. So können Sie den Behälter samt Skorpion herausheben und zum Beispiel in ein anderes Terrarium überführen.

Nur im äußersten Ausnahmefall können Sie es auch einmal versuchen, einen Skorpion mit einer Pinzette umzusetzen. Allerdings sollte sich dann der andere Behälter unmittelbar neben dem Behälter mit dem Skorpion befinden. Skorpione können mit einer Pinzette am letzten Schwanzglied aufgenommen werden. Setzen Sie die Pinzette also direkt hinter dem Stachel mit der Giftdrüse am ersten Schwanzglied an, nehmen den Skorpion hoch und überführen ihn schnell in das andere Terrarium. Allerdings ist diese Methode nicht ganz sicher, denn immer wieder kommt es vor, daß ein sich stark bewegender Skorpion hierbei fallen gelassen wird und dann kann es zu Problemen kommen. Seien Sie sich bitte immer bewußt, daß Sie ein giftiges Tier pflegen und dieses immer versuchen wird, Sie zu stechen, wenn es in Bedrängnis gerät.

Es ist erstaunlich wie viele Menschen jährlich an Stichen von Skorpionen sterben. Wobei hier wahrscheinlich Mexiko die traurige Tabelle mit etwa 1.000 Todesfällen jährlich anführt. Kinder sind hierbei wesentlich stärker gefährdet, denn ihr Imunsystem ist schwächer und die Todesrate unter Kindern ist meist um ein Vielfaches höher als bei Erwachsenen.

Dieser südafrikanische, junge Spinnen- und Skorpionpfleger hat sich mit zweckmäßigen Hilfswerkzeugen ausgestattet, um seine Skorpione schonend und sicher zu handhaben. Der aus einer abgeschnittenen Plastik-Getränkeflasche hergestellte Trichter ist hierfür ideal. Die Stricknadel dient dabei zum Manövrieren des Tiers. Übrigens besitzt dieser jugendliche Liebhaber bereits ein geradezu erstaunliches Fachwissen, dennoch muß an erster Stelle immer die Sicherheit stehen.
Foto: T. Ulber

Einige interessante Skorpionarten

Skorpione gehören noch nicht zu den Standardtieren im Haustierbereich, was ja wohl auch richtig ist, denn mit ihnen sollten sich ausschließlich ernsthafte Terrarianer befassen. Um ihnen die wichtigsten und auch beschaffbaren Skorpione bildlich etwas näher zu bringen, folgt jetzt ein Artenteil mit 15 Abbildungen, aus welchen Sie ersehen können, welcher Skorpion für Sie interessant ist.

Androctonus australis
Ist der gefährlichste unter den Dickschwanzskorpionen, der in Nordafrika weit verbreitet ist. Er kommt von Nordafrika bis Indien vor und liebt Trockenheit. Dieser Tatsache muß bei der Pflege im Terrarium Rechnung getragen werden.
Foto: M. Forst

Buthus occitanus
Der wahrscheinlich häufigste Skorpion Nordwestafrikas ist die bekannte Art Buthus ocitanus, *von der auch eine Population in Südeuropa vorkommt. Die europäische Variante ist relativ harmlos, während die nordafrikanischen Rassen ein gefährlicheres Gift besitzen und es kommt immer wieder vereinzelt zu Todesfällen. Hier ein Alttier mit Jungen.*
Foto: M. Forst

Euscorpius italicus
Euskorpio italicus *ist, wie der Name schon sagt , in Italien anzutreffen. Sogar in Südtirol kommt dieser europäische Skorpion vor.*
Foto: M. Forst

Hadogenes bicolor
Hadogenes bicolor *ist ein Dünnschwanzskorpion aus Südafrika mit interessantem Körperbau.*
Foto: M. Forst

Hadogenes bicolor
Dieser Waldskorpion wurde im Khao Yai National Park in Thailand fotografiert. Er wurde als Hormurus australasiae *eingeordnet.*
Foto: T. Ulber

Hadogenes spec.
Dieser Hadogenes *spec. gehört zur Gattung der* Hadogenes, *die in Südafrika beheimatet sind.*
Foto: bede-Verlag.

Opistophthalmus capensis
Opistophthalmus capensis *ist ein Vertreter der Familie Scorpionidae aus der südlichen Kalahari in Südafrika.*
Foto: T. Ulber.

Opistophthalmus glabrifrons
Auch dieser Opistophthalmus glabrifrons *stammt aus Südafrika und zählt zu den größeren und schwereren Skorpionarten.*
Foto: Dr. R. König

Opistophthalmus *spec.*
Opistophthalmus *spec. ist in Südafrika beheimatet und gehört zur Familie der Scorpionidae.*
Foto. Dr. R. König

Opistophthalmus *spec.*
Opistophthalmus *spec. aus Südafrika.*
Foto: bede-Verlag

Parabuthus capensis
Parabuthus capensis *gehört zu den gefährlichen Dickschwanzskorpionen.*
Foto: Dr. R. König

Dieser gefährliche Parabuthus capensis, der Dickschwanzskorpion wurde in der südlichen Zentralkalahari in Botswana fotografiert.
Foto: T. Ulber

Parabuthus granulatus
Parabuthus granulatus *gehört zu den giftigsten Skorpionarten Südafrikas und erreicht eine Körperlänge von bis zu 14 Zentimetern.*
Foto: Dr. R. König

Parabuthus transvaalicus
Parabuthus transvaalicus *stammt ebenfalls aus Südafrika und ist auch unter den sehr gefährlichen Skorpionarten einzuordnen.*
Foto: Dr. R. König

Uroplectes triangulifer
Viele gefährliche Zwischenfälle gehen auf das Konto von Uroplectes triangulifer. *Die meisten Todesfälle verursacht aber* Centruroides suffusus.
Foto: Dr. R. König

Leider werden sehr viele Skorpione, Vogelspinnen und auch andere Tiere als Souvenir vermarktet. Diese Aufnahme entstand in einem Souveniershop in einem Nationalpark in den USA und es ist bedauerlich, daß anscheinend tausende solcher Briefbeschwerer verkauft werden.
Foto: bede-Verlag.